天下文化
BELIEVE IN READING

突圍思考

擺脫困局，超越勝敗情緒的人生觀點

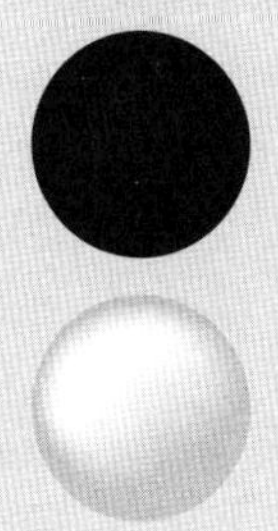

曹薰鉉 조훈현——著
盧鴻金——譯

고수의 생각법

目次

三段　如果能贏，一定不要放過

四段　培養預判棋局的能力

新版序／韓國出版十萬冊紀念版

李世乭和 AlphaGo 圍棋對局的那天，我完全沒料到即將到來的時代變動，正悠閒地坐在沙發上，等候電視轉播開始。妻子端來飲料，坐到我身邊時，我還跟她說：

「這種輕鬆的對局竟然有十億韓元的獎金，李世乭九段可以拿到不少零用錢啊！」

我當然知道ＡＩ正以驚人的速度追趕人類的圍棋功力。人類與ＡＩ的對局未超過一個世代，起初是人類讓子，雙方差距卻在迅速縮短。二〇一五年ＡＩ甚至在對等的條件下，戰勝了歐洲冠軍樊麾。儘管如此，我壓根沒想過

ＡＩ會超越世界頂尖職業棋士。圍棋被稱為人類最古老的遊戲，在如此漫長的歲月中，從未有過類似的對局。因為變數幾乎接近於無限，圍棋又稱為「棋盤上的宇宙」。我認為機器絕不可能突破無限的變數，解讀屬於人類的直覺和創意。

但是李世乭和AlphaGo的對決，讓圍棋不可侵犯的堡壘徹底崩潰，瞬間計算所有可能性的電腦圍棋不再是追求決勝那麼簡單。李世乭雖然攻守有道，但人類對電腦的局面已經無法挽回。沒過多久局面倒轉，電腦開始讓子給人類對手。我也曾好奇地挑戰了電腦幾次，但每次都比不到一半便敗跡畢露。明知沒有辦法，還是被激怒了，很快就放棄了新的挑戰。

從那天起，我在很多場合都會碰到有關ＡＩ的問題。從單純地評論李世乭和AlphaGo的圍棋對決，到ＡＩ最終征服圍棋的這個時代、人類究竟應何去何從的宏觀提問，幾乎所有訪談中都提到了這個轉折點。對此，我的回答非常簡單明瞭：

「人類無法勝過機器。」

也許採訪者期待我能發揮與眾不同的洞察力，給出答案，所以沒能掩飾臉上驚慌失措的神色。我反而想問：人類有必要戰勝機器嗎？

事實上，機器超越人類的事情數不勝數。舉汽車而言，即便是世界冠軍，也絕對無法跑贏行駛中的汽車，它一問世很快就改變了人類的移動模式，包括搶走車伕和馬糞清潔工在內的工作。很多人茫然畏懼變化中的未來，就像現在面臨AI時代感到不安的人群一般，但最終人類總是會找出適應變化的方法。

世界一直在變。這本書從初版付梓的二〇一五年到現在，發生了很多事。在準備此次版本的過程中，我也不得不仔細閱讀並修改書中的各項內容。不僅我的情況有所改變，書中記載的個人記憶也讓我陌生。其實回想起來，這不僅僅是發生在過去的八年，我的一生都在經歷著不可預測的變化。為了學習圍棋，我自幼就踏上了赴日本留學的道路，又由於國防的兵役義務，不得不放棄在日本的璀璨藍圖，回到韓國重新開始。雖然我親手將韓國圍棋的地位提升到世界之巔，但從第二年開始，親自培養起來的弟子卻開始逐一奪走我的冠軍頭銜，我又成為沒有足夠地位的人。這樣的時候，將我扶起的想法只有一個，那就是全力以赴去做自己現在力所能及的事情。

圍棋也是一樣。除了現在下的一步，絕對不能被其他事物所分心。雖然要考慮對手有多強、此次大賽意味著什麼等，但這些問題絕不是我應該集中想法和精力的地方。如果因為各種情況，一味認為自己會輸的話，那絕對贏不了對手。我能做的只應該是竭盡全力思考現在能下的最好招數是什麼，只有這樣的人才能想出超越局勢的妙招。

每個人都有各自的人生棋盤，而且與曹薰鉉的人生明顯不同，所以我其實沒有什麼能說的。但有一點很明確，那就是我們每個人都在創造自己的道路，沒有任何人可以代替。要親自尋找道路，竭盡全力鋪好前方一步的路。所有的道路都不可能是康莊大道，不可能將財富、名譽同時收入囊中。不要只想貪圖別人的道路而忽視自己的，每個人都有自己的路，只要今天盡全力邁出一步，就確實比昨天有所進展。

我眼前總是漂浮著十九行的棋盤網格。在街上、床上、飯桌前，我的腦海裡都是圍棋。儘管如此，回顧過去，我總是後悔沒有更加努力學習圍棋。比起在重要的對局中犯下的決定性失誤、比起才嘗到頂點的滋味就得從不是別人，而是自己弟子的身上嘗到失敗苦果的乖舛命運，我覺得最可惜的只是沒能更加致力於自己的道路。

即使如此，我之所以能在這條路上精進自己，還得感謝老師們。我在他們身邊觀察著，學會了默默地、熱烈地走自己道路的精神，並在生活中親身體會。雖然還有很多不足，但希望我的人生、苦思、領悟、所有想法都能成為某些人的養分。希望這本書能有助於讀者找到屬於自己的路。

二〇二三年夏，曹薰鉉

作者序／在棋盤中學到的思考力量

我生平只懂圍棋，從五歲時被父親拉著踏進木浦的儒達棋院門檻那天，一直到年過花甲的今日，我懂的只有圍棋。

我的學校生活十分平凡，沒有經歷過職場生涯。除了和圍棋有關的人，認識的人也很少。大部分的人經歷過的人生，即學業競爭、就業競爭、前途苦悶、刺激的愛情、職場生活的艱辛等，我完全不懂。想到這樣的我要談論生活、談論人生，很難不感到惶恐。

話雖如此，我並不認為自己不懂人生。那怕我只懂圍棋，但從中我經歷了熱情和愛情，經歷了希望和絕望、成功和失敗、陰謀和背叛。在別人看來，我也許只是抱著棋盤生活，度過無聊且安靜的人生，但我的腦海中卻過著不亞於任何人的、波瀾萬丈的日子。

我從很小的時候就住在別人家裡，從十一歲到十八歲，過著身邊沒有父母的異國生活。年輕時縱橫國內大賽，還登上世界最高的位置，僅僅到四十三歲，我的所有頭銜都被弟子奪走，經歷了辛酸卻幸福的歲月。我跌到谷底後再爬上來，然後又跌到谷底，如此反覆攀爬。我雖然對勝負十分熟悉，但失敗的痛苦至今仍未減退。到了年紀老邁的現在，失誤則愈來愈頻繁，輸的日子比贏的日子更多。

儘管如此，我依然在下圍棋。以前為了勝利而下圍棋，現在則是不論輸贏，只要能下圍棋，就覺得很幸福。雖然我過去被稱為天生的勝利者，但回顧前塵，覺得人生中的勝負並不重要，最重要的是無論結果如何，都要竭盡全力走自己的路。

在圍棋界，雖然有像我一樣成為第一人，證明自己存在的人，但也有一輩子停留在二號人物的，還有連一次名字都未能留下記錄就結束的人。就像棒球選手一生只在二軍活動或始終作為候補選手一樣，難道這些人的人生就沒有意義嗎？事實並非如此，這些人雖然未曾贏過，但如果為了勝利而盡過全力，那就算是活過成功的人生。

俗話說，生活的地方是天堂還是地獄取決於自己的內心。年輕時不相信這種話，現在卻相信了，因為我經歷過許多次只是改變自己的某個想法，人生便為之改觀的時刻。當年李昌鎬拿下冠軍頭銜時，我非常痛苦，但想到與其給別人，倒不如給我親自培養的弟子；心情就因為像謊言的一句話而好轉了。當所有頭銜都被奪走，在預賽階段就被淘汰時，儘管內心動搖，甚至考慮是否應該就此放棄圍棋，一想到此地無疑是谷底，剩下的只是往上爬，心裡就不那麼痛苦了。

歸根結底還是思考。人生從來不會只延續著美好的日子，好日子和壞日子就像波濤一般湧來。我們能無憂無慮、過著幸福的日子，其實扣除什麼都不懂的幼兒期，一生加起來也不過幾天，因為生活本身就是不間斷的考驗和痛苦。那麼，我們應該如何度過這漫長無盡的痛苦歲月呢？答案只有「思考」。要以積極、有創意的思考，不受周邊事物動搖的堅定思考，能夠更輕鬆愉快地裝飾我們人生的思考，來填滿每一天。

結果我們反而因為思考而過著更加艱難的生活。為雞毛蒜皮的小事傷心，為根本不會發生的事情憂慮。困頓於微小的失敗，因為一些瑣碎的事情受到挫折和傷害。

所以為了未來剩餘的每一天，我們現在應該做的是改變思考的方法，亦即改變思考方式。要培養克服失敗後，再次站起來的積極想法、選擇正確的健康思考，以及與別人不同，又在可接受範圍內的創意思維。

改變想法並不只是改變內心而已。令人驚訝的是，如果改變思考，行動就會改變，甚至結果也會發生變化。亦即將個人力量提高到最大值的最強大力量，就是思考。

雖然是從棋盤上得到的感悟，但我覺得人生的根本其實是一樣的。我們都一步一步走在不知何時會死亡的冰冷棋盤上，讓我們用思考的偉大力量盡全力下一盤屬於自己的圍棋吧！盡量擴大自己的領土、慎重布局、毫不猶豫地進攻，但也要竭盡所能地防禦。

如果我們全力戰鬥，必將因此而勝利。

二〇一五年夏，曹薰鉉

一段
進入思考之中

拯救我的只是我的思考

一九八九年九月五日上午九點三十分，我呆坐在新加坡某個酒店房間的床上。當天早上喝了熱湯，吃了幾片麵包，但感覺不到任何味道。大概是一進入新加坡就得了感冒，全身變得敏感。最後的決賽馬上就要開始，而我口乾舌燥，感覺身體裡在發燒。

當時即將展開應氏盃最終決賽第五局。我閉上眼睛調整呼吸，在深呼吸的同時，過去幾個月發生的事情像走馬燈一樣掠過。韓國選手中，只有我獲得唯一的參賽門票。與小林光一進行的八強賽和與林海峰的四強賽，一直戰到最後。在中國度過地獄般的十天，還有幾天前奇蹟般打成平手的第四局……。

應氏盃是台灣富豪應昌期自掏腰包舉辦的世界職業圍棋錦標賽。我進入決賽的一九八九年是第一屆，同一時期，日本也舉辦了首屆世界大賽富士通盃，但應氏盃的意義與眾不同。因為是每四年舉行一次的「圍棋奧運會」，而且獎金高達四十萬美元，全世界都在關注這個史上最鉅額的獎金花落誰家。

事實上，應氏盃從一開始就是為中國圍棋而舉辦的賽事。雖然中國以圍棋的宗主國為傲，當時卻一直籠罩在日本圍棋的陰影之下。直到一九八五年開始的中日超級對抗賽中爆出冷門，中國棋士聶衛平面對日本超一流棋士，在第一到第三屆比賽中取得十一連勝。

中國希望藉此氣勢，藉「應氏盃」明確展示究竟哪個國家才是圍棋最強國。他們試圖擊敗高傲的日本棋士，最終成為世界頂級圍棋強國。從參賽的棋士來看，中國人占一半，其餘三分之二是日本人，韓國人只有我和趙治勳九段。趙治勳九段實際上又屬於日本棋院，因此真正受邀的韓國棋士只有我一人。

我算是受邀參加中國和日本決鬥的一種陪襯，而且還是以「你愛來就來，不來就拉倒」的態度拋出的寒酸邀請。我的心情不太好，又不得不去，因為當時正處於即使被徹底擊敗後回來，也要去學習的階段。

結果當時發生了誰也沒料到的事情，作為一名配角，我竟然進入了決賽！當時人們的關注焦點已經從是中國贏還是日本贏？轉移到是中國贏還是韓國贏。中國賭上主辦國的尊嚴，非贏不可，而韓國則是必須洗刷過去圍棋邊緣地帶的形象，抓住進入世界圍棋中心的絕佳機會。

決賽是五戰三勝制，四強賽結束後，足足過了五個月才開始舉行決賽。決賽幾週前，主辦方突然通知我，說是決定五場決賽都將在中國進行。這是絕不能容忍的事，在一方的主場下五局，等於擺明要讓另一方輸。我們提出強烈抗議，最終，主辦方決定退一步，在中國比三局、第三國比兩局。

赴中國比賽的路上，我才發現這做法對我相當不利。當時中國是被我們稱作「中共」，讓韓國人十分忌憚的國家。兩國尚未建交，自然不可能有直航航班。我先到香港辦完簽證，在那裡又轉乘航空、船舶、火車等各種交通工具，足足花了兩天才抵達中國杭州。到了飯店卸下行李，簡直是累得要魂不附體了。

更讓我感到緊張的是中國的氣氛。剛下飛機就感到一股肅殺，跑道上停著一排米格機編隊，到處都是公安。酒店雖然寬敞舒適，卻絲毫無法化解空氣中的沉悶，散步或外出時，公安就會像影子一樣緊隨身後。只要過了晚上六點，全面的漆黑黑暗和可怕的寂靜就會到來，這讓我喘不過氣。比起對局的壓力，環境更令我痛苦。

就這樣展開了第一場對局，幸好我贏了。與其說是我下得好，不如說是聶衛平的狀態不佳。他集中國人的期待於一身，承受了巨大壓力，再加上心臟不好，身邊總是備著氧氣面罩，就擔心在對局中發生緊急情況。

間隔幾天舉行的第二局和第三局是聶衛平獲勝。我始終無法克服中國令人窒息的氛圍，過了一週，感覺如果不盡快離開那裡，我就要精神分裂了。與實力無關，我是在不堪負荷下連輸兩局。

聶衛平的兩場勝利使整個中國沉浸在慶祝的氣氛中。我悄悄地準備離開，中國卻直到離開那天也沒有輕易放過我。本來想盡快去香港，文件卻出了問題。我很擔心這樣下去會不會再也離不開中國。

歷經千辛萬苦，我終於登上開往香港的船，這時才覺得腦袋湧進新鮮的氧氣；我活過來了！

最後兩局比賽是在四個月後假新加坡舉行，大勢已傾向聶衛平獲勝。他在晚宴上的態度也充滿自信。

「在中國人主辦的最頂級賽事中，中國人奪冠是理所當然的。我的目標是冠軍獎盃。」

我的目標則完全不同。我絕不輕易束手就擒，一定要下完這最後五局，所以第四局勢在必得。我和聶衛平面對面坐著，與晚宴中自信滿滿的樣子不同，他也感受到不亞於我的壓力。實力接近，專注度成為決定勝負的關鍵。

我照舊以在第二局落敗的布局[1]出發，只要不重演當時的失誤，似乎就能取勝。我和對手之間氣氛緊繃，落下棋子的時間焦急地持續著。落下黑子，黑子好似就占了上風，落下白子，白子就像取得優勢。

機會終於到來。在棋盤上幾乎看不到空格的時候，他犯了一個微小的錯誤。我抓住那個時機，立刻下了最後一子。對局結束後計點[2]，我以多出一目獲勝。

終於能進到第五局了！沒有什麼比這種結果更令我高興的了。比起失敗，最難堪的就是放棄。至少我不想聽到韓國的全勝棋王無恥地輸給了中國最優秀棋士的論調。

勝負回到原點。過去的四局沒有任何意義，最後一局將決定世界冠軍的歸屬。聶衛平也和我一樣，承受著極度的壓力。只要他動搖一次、哪怕只有一次失誤……我這麼想著。

1 對局初期，在棋盤上四處擺放棋子的過程。
2 圍棋下完一局後，為了分出勝負而計點。

對局開始。聶衛平在棋盤中央築起城池，我用盡全力防禦；當我迅速進攻時，他就會邊防守邊穩健地跟上。但是下到一半，我動搖了。注意力分散，突然找不到圍棋的章法。對手不可能錯過這個機會，他用難以理解的招式對我發出攻擊，把我逼入絕境。我一子一子驚險地防禦，勉強保住性命。這樣被牽著鼻子走，就會走到終點了吧？腦海中傳來「該做的都已經做了，拋下棋子，好好休息吧！」的聲音。但當我抬頭看向聶衛平的那一瞬間，一下子打起了精神——他在下每一顆棋時真的是屏氣凝神、專注在棋盤上。他的心臟衰弱，加上一定要奪冠的重擔，要說累的話，他應該比我更累上好幾倍，他卻堅持著，絲毫不見動搖。

振作起來！比賽還沒結束，我重新打起精神。集中注意力！好好思考！聶衛平本來下的就是高招，如果想還招，經常會想到讀秒的階段。

專心、專心……我陷入寧靜的思索。漸漸、漸漸地……原本粗重的呼吸開始變得舒暢，瞬間周圍的一切都消失了。我看不到聶衛平或是旁邊的觀察員，焦慮、緊張，甚至想贏的欲望都消失殆盡，眼前只剩下圍棋和我。在那絕對寂靜的瞬間，一切又變得清晰起來。是啊，就是這個位置！

遠處傳來十秒讀秒的倒數。一、二、三、四、五、六……我的現實感回來了。伴隨著七秒倒數的聲音，我用力放下棋子。

棋局完全改變，從處於劣勢，我瞬間奪回了主導權。從那一刻起，只要我發起進攻，他就會陷入必須防禦的困境。不久之後，他再也無處可逃。我在第一百四十五手用力落下棋子後，聶衛平低著頭丟出棋子。

「贏啦！」

觀戰室裡傳出韓國加油團的歡呼聲。啊！贏了，我贏了！

當天的勝利是韓國圍棋一舉登上世界頂峰的歷史事件。此後，在應氏盃第二屆大賽的徐奉洙、第三屆大賽的劉昌赫、第四屆大賽的李昌鎬接連奪冠，圍棋三國志的霸權毫無疑問地轉移到了韓國這裡。

學圍棋的人現在也經常拿當天我與聶衛平的棋譜[3]來討論，因為雙方展開了令人窒息的血戰，攻、守勢也罕見地多。尤其是對我在後半部能夠瞬間從劣勢扭轉局勢的第一百二十九手，如今也有很多人感到好奇。

「在讀秒的瞬間，你怎麼能想到那一招？」

我回答，其實我也不知道，我只是進入了思考之中，不是我找到了答案，而是思考找到了。

3 圍棋比賽的內容記錄。

思考必定會找到答案

我偶爾會這麼想：如果把人生萬種複雜微妙的問題代入圍棋盤上思考，會發生什麼事？儘管有點困難，但應該沒有解決不了的事情吧？

圍棋是連續解決問題的過程。要展開對局，首先得在腦海中畫好棋盤，並制定獲勝的計畫。過程當然不會像一開始所設想的那般順利，因為對方也會為了獲勝，同樣周密地制定計畫。所以我們在棋盤上會不斷地遭到截擊。有時會出現意料之外的難題，令人走投無路；有時為了生存，必須想盡一切辦法。毫無疑問，棋盤正是每一步都攸關生死的地方。

從這個意義上看，所有職業棋士都是解決九死一生問題的高手。基本上，我們看待世界就是任何問題都有解決辦法，因為從很小的時候就開始碰上無數難題，最終也看到解決它們的方式。就算有時連自己都辦不到，但即使不是自己，也一定有人能解開。因此，如果把世事當作棋盤，那就沒有解決不了的問題。任何困難都能迎刃而解，只要緊抓問題不放，擁有無止境的韌性即可。

這種韌性，就是思考。認為可以解決的積極態度、一定要解決的意志，以及摸索解決方法所需的所有知識和常識、系統性思考、創造性的想法等，我想把涵蓋這一切的概念稱為「思考」，或「圍棋思考法」，因為它們都是圍棋棋手所具備的心態。

如果世事盡如棋盤，則生活中一切的問題都是可解決的。眼下也許根本看不出一絲頭緒，似乎愈碰觸愈惡化，一旦施以意志，必有解方。當然，那個解方並不總是帶來我們想要的結果，就算不是最好的方案，依舊要盡力而為；再不行，就要選擇第二種方案。有時做出讓步和妥協，或者徹底放棄，轉移到其他目標，也是一種解方。

重要的是，這個過程不能像接受晴天霹靂似的，而是要自己主導。很多人遇到問題不積極應對，而是迴避、躲逃，在努力解決問題之前，就疲憊不堪地接受了命運。用圍棋來形容，就是在面臨危機時，毫無想法地隨處落下棋子。

圍棋棋手絕對不會這麼做。即使面對讀秒的壓力，也堅持思考下一招；就算是已經預見結局的棋局，在認輸前也要一步一步地力挽狂瀾。如果使不出絕招，就要尋找妙招；如果連妙招也沒有，那究竟要使出爛招或者不入流的招數，也要在奮力思考後自己做出選擇。

圍棋是一種具有目標、邏輯與遊戲規則的運動。圍棋棋手的思考可說是一種智謀：制定戰略、戰術，加以布局，不斷審度形勢，一步步慎重地落下棋子。

圍棋是決定勝負的遊戲，所以無論遇到什麼挑戰，都要想盡辦法克服。有時被逼到懸崖邊，有時還會掉進陷阱裡掙扎，有時也會因為自己犯的錯誤而必須付出巨大的代價。即便如此，目標永遠不會改變，那就是為了勝利竭盡全力、戰鬥到底。

我們每個人每天都在名為生存的生命現場下著屬於自己的圍棋。如果每天下一顆棋子，那麼現在我們的棋局進行到哪裡了呢？還處於布局階段、抑或已經進行到一半？是不是快走向最後的決勝關鍵了？

無論身在何處，人生的圍棋只要自己不認輸或把棋盤全部填滿之前，就沒有所謂的結束。無論現在面臨何等危機，都有扭轉的希望。按照圍棋教導我的來看，世界上沒有解決不了的問題。集中思考，答案必現。哪怕是當初未能解決的問題，事後回想起來，也會發現確實有意外的解法。

問題不是問題，缺乏解決問題的意志和思考的力量才是最大的問題。圍棋中「沒有辦法」的辯解是行不通的，失誤和機會都是自找的。也正因此，勝利非常刺激，失敗也非常痛苦，成長亦從中而來。

生命本身就是一種考驗，只有思考的力量才能幫助人們有意義地度過它。我認為這個過程才是發現自我、尋找幸福的方法。

要是受限於框架，就將面臨破局

我是所謂圍棋神童。五歲在父親教導下入門，自幼經常出入棋院，戰勝了所有長輩；九歲時經由升段賽，成為世界上最年少的圍棋職業棋士。

每當我落下一子，大人都會瞠目結舌發出感嘆。大家覺得神奇，小孩子怎麼能想出那種招數。我聽過無數次說我是天才這樣的讚賞，但回想起來，我不認為自己是天才，我甚至不太瞭解圍棋，只是思想自由奔放而已。

當時大人們的圍棋受到日本定式的影響，定式是從古至今在圍棋攻守方面得到認可的最佳棋步，像《數學定式》一樣，下圍棋也有一定的公式和模式。

我只是小孩，不可能知道這些。我只知道一定要贏，在想辦法取勝的過程中，想出了大人們都料不到的奇怪招數。

後來我在日本第一次接觸到定式，才意識到此前是多麼地無知，真是慚愧。定式是基本功，而我一無所知地下著圍棋，像匹脫韁的小野馬。直到受過堅實定式訓練的日本學生殘酷地將我擊敗，終於切身感受到基本功的重要性。

然而基本功紮實了，就要重新變回小馬才行。圍棋一旦被套進框架就糟了。圍棋是思考的爭戰，如果只是下出對方能預料的棋步，怎麼可能取勝？要想擁有強大的力量，最重要的是必須進行不同的思考。

在應氏盃與林海峰的準決賽第一局，我連下了兩次「空三角」，一時蔚為話題。眾所周知，空三角是三顆棋子連接形成直角，一般而言是絕對不能下的愚形[4]。空三角會減少活路，且效率低下，圍棋教程中因此有「不要下空三角」的法則。

但在我看來卻未必如此。雖然從空三角本身來看效率低下，但從全局觀之，反而會成為跨越危機的妙手。

和林海峰對局時，這個妙手便清楚地映入眼簾。儘管是空三角，但我確信這可以成為上下行棋的見合[5]，形成切斷對方大龍的脈點。

如果是日本棋手，僅憑空三角這一點就不會落子，因為日本圍棋向來就很重視形狀和原則。但我覺得這有什麼關係，反正勝負屬於贏家，於是果斷地落下棋子。

專家們將當天的空三角評為「韓國流的出發」，令我感到惶恐。那意味著我走出日本圍棋設下的控制線，開始走自己的路。實際上，此後韓國圍棋逐漸打破日本制定的原則和禁忌，開始成長。韓國獨特的思考方式也讓韓國超越了原來世界第一的日本圍棋。

日本也認可的韓國流定式，與既往的日本定式在很多方面存在不同。日本

4 凡效率較低而不美觀的棋形，統稱為「愚形」。
5 一種黑白雙方各有相同數量的大場的狀態。

定式注重形狀，棋子構成單純的線條，十分優雅，而韓國流定式則奇形怪狀，簡直無法稱作定式。起初，日本棋手們還嘲笑說品味低下，但隨著這種奇怪的定式愈來愈頻繁地建功，他們開始驚慌失措。

此外，韓國棋手們不斷嘗試證明日本定式用處不大，從而開闢了新路，棋子的效率常因此遭忽視。為了進攻，有時會展開大規模亂戰，日本棋手認為這違反了定式原則，但我們卻無所謂——反正贏了不就行了？

這徹底改變了圍棋界。引領世界的日本圍棋，旨在追求一種美學，對他們來說，圍棋既是「道」，也是「禮」。但韓國圍棋突然冒出頭來，完全不顧這些，單純只想戰鬥；認為圍棋是一決勝負的大腦運動也是從這時開始的。

我認為這與我們韓國人的氣質不無關係。韓國人先天不喜歡被釘在框架裡，拿體育競賽來說，韓國人喜歡看像棒球一樣有很多違規、或像足球一樣規則簡單的比賽，因此那些要求正確遵守規則的運動賽事，韓國人通常沒有耐性看下去。此外，韓國人有著一遇上戰鬥就非贏不可的強烈求勝意志。從比賽來看，比起有效率地運籌帷幄，更傾向不顧死活地拚搏。這種強烈的生存本能和求勝意志也引發了創造性的思考。

從歷史來看，改變世界的人絕非相信並接受的人，而是懷疑並提問的人。帶著問題意識看待社會的人、為解決這些問題而殫精竭慮的人才能改變世界。

圍棋的發展也一樣。如果只存在按照慣例下棋的人，圍棋是否真能經過四千年的歷史，流傳到現在？木谷實、吳清源、林海峰、小林光一等在圍棋史上留下璀璨偉績的棋手都超越定式，發現新的招數，重新創造了屬於他們的定式。其後，韓國圍棋承接這個傳統，主導了新的棋風，如今中國棋手也頻繁推出新的定式。

變化和革命就是這樣出現的。思考、帶著問題意識、培養戰鬥力量後，最終挑戰並獲勝。那個出發點，總是從擁有和別人不同的創造性思考開始。

只有彷徨的人才能找到答案

圍棋中有種名為「流」的東西，意指每個棋手下棋的棋風，體現出各自的性格和追求的目標。

我的棋風被評為像燕子一般迅速而華麗，亦即不拘泥於框架，展開冒險的激烈比賽。相反地，李昌鎬則被評為遲鈍而平凡，面對對方的挑釁，他也會無限忍耐，默默地走自己的路。因此，他擁有「石佛」的稱號。

徐奉洙憑藉其不畏混戰的戰鬥棋風，獲得「野草」的稱號；劉昌赫則以其深厚而華麗的進攻，被稱為「玉面殺手」。諸如上述，這些構建故有圍棋世界的人，都有自己的「流」。

「流」沒有絕對強大的一方。儘管在雙方對決時，對上某一流有強烈反應，對上某一流則顯得弱化，但也不是百分之百。所有的「流」都有其優勢和弱點，相互補充、發展，並不斷進化。

對於圍棋棋手，屬於自己的「流」是一種自我。以何種方式下棋，是「我」以何種方式活在這世上的宣言，因此大師們的圍棋對決就像這種世界觀和價值觀的衝撞一樣。圍棋足足存續了四千年至今，因為它不僅僅是單純的遊戲，還能從中解讀出人生觀和生活哲學。

遺憾的是，現在韓國圍棋界很難發現嶄新的「流」。看新人下圍棋，覺得他們下得真是不錯，但路數好像在哪裡見過；感覺他們似乎是根據某人的棋譜，按照某人創造的定式下棋一般。有時在某個關鍵，會期待出現具有創造性的新招，卻無論如何等待，也總是出現前人下過、平庸的招數。最近圍棋愛好者紛紛抱怨圍棋變得無趣了，為什麼？我認為原因在於教育。

最近的圍棋教育是填鴨式的。填鴨式教育由老師帶領學生，教導他們各種的知識，因為無論如何都想要盡快得出成果，給學生和父母滿足感，因此無法給孩子們想像的自由，而是讓他們背公式。更何況不是邊思考邊下圍棋，而是按照公式下棋。這樣的教育導致孩子們的圍棋比賽不是在較量思考力，而是在比劃誰輸入了更多的資訊。這種教育方式不可能出現屬於自己的「流」，就像接受填鴨式教育的孩子無法想像教科書以外的知識一樣。困在框架內的教育，造就了困在框架內的思考和自我；思考受限，自我當然無法自由。

我此生最幸運的，就是遇到讓我將自己本來面貌保留下來的好老師。我的老師瀨越憲作在韓國儘管不為大眾所熟知，在日本卻擁有孕育現代日本圍棋英雄的美譽。老師平生只收了三個入門弟子，即人稱改變世界圍棋走向的吳清源、關西棋院的創立者橋本宇太郎，還有我。在二十世紀三〇至五〇年代，吳清源與日本超一流圍棋棋士進行了「十番棋決戰」[6]，使對手的段數全部降格，因此獲得「棋聖」的封號；二十世紀四〇至七〇年代，橋本宇太郎先後九次在本因坊戰、王座戰、十段戰、棋聖戰中奪冠。我則是在世界圍棋的奧運會應氏盃第一屆大賽中勝出，成為第一位冠軍。老師可說是把三個徒弟都培養成世界第一人的關鍵角色。

我十一歲時成為老師生平最後的入室弟子[7]，一起生活了九年。在雅緻的日式木造住宅中，八十多歲的老師、十幾歲的我和老師的兒媳，以及幾年後一起生活的秋田小狗班凱，我們四個一起生活。但在這九年裡，老師對我授課的次數屈指可數。老師指導對局時惜字如金，除了偶爾讓我覆盤[8]，他幾乎不說話。

當時我幼小的心靈覺得很委屈，一度擔心他是不是年紀太大，精神不佳，或是忘了為什麼把我叫去日本。過了幾年，我才意識到這麼想是錯的。某天晚

6 日本從江戶時代開始的圍棋界「終極對決」，如果下十盤圍棋，產生四盤之差，敗者就要降格段數（調整棋力差距）。
7 寄居在老師家裡，接受教導的弟子。
8 把下過的棋局從頭開始依序擺放並加以評論。

飯時，老師認真地盯著我說：

「你認為我能夠給出答案嗎？圍棋本來就沒有答案，我要怎麼給你？答案必須你自己去尋找。」

接著又說：

「雖然沒有答案，但努力尋找答案的過程就是圍棋。」

一起生活了九年，瀨越憲作老師真的一次也沒有對我說過圍棋要怎麼下，不要那樣下、要這樣下。他明知道我出去和誰下棋、下什麼棋，卻從來沒有干涉過。可以說我是天馬行空、自由奔放地學習了圍棋。

老師把答案告訴思緒混亂的學生，無疑是很容易的作法。但這只是讓學生得到答案，而非領悟——領悟只能從自己思考的過程中獲得。

瀨越憲作老師很清楚怎麼教圍棋。圍棋教育的正確做法是只提示方向，任由學生自己學習。多虧老師這樣的教育方式，我才能為了找出唯一的妙手，在無數個夜晚哼哼唉唉地度過黃金般的青春歲月。

背公式解題很容易，可是一旦碰到稍微脫離公式的題目就無用武之地。相反地，獨自徘徊的人不知道那些公式也無所謂，他可以透過思考，找出屬於自己的解方。

我沒有接受過定型化的圍棋教育，所以總是按照自己的方式，隨心所欲地下圍棋。後來它成長為只屬於我自己的攻擊型棋風，並得到「燕子行馬」、「魔術師」、「火焰噴射器」等獨特的評價。

給孩子思考的自由，讓他們自己去想。獨立思考的孩子個性會變堅強，自我也會變得堅韌，並能夠形成以自己的方式引領人生的自信，與實際的性格。

思考會告訴你應該做出怎樣的選擇、朝哪個方向前進的答案。不會思考的人連日常的微小選擇都要問別人的想法、看別人的眼色，擔心究竟應該這樣還是那樣做，不安地尋求幫助。

最近幾年間，解決煩惱的人生導師愈來愈多，原因為何？不就是因為無法靠自己進行思考的人愈來愈多嗎？不就意味帶著不安的自我活著的人愈來愈多了嗎？

人們認為幸福來自於金錢、名譽或成功，但我相信真正的幸福來自堅實的自我。自我正是自尊。只要自我堅強，在任何情況下都不會動搖，不被別人的視線和社會尺度所左右，按照信念行動。

當然，這種自我不會憑空出現，唯有透過自己思考的習慣和自我反省、有深度的思考才能獲得。要想成為在任何處境都能不看人臉色，毫不畏縮、堂堂正正表明自己的信念，按照自己信念行動的人，就要學會自己思考。

向所有布局拋出提問

「你是怎麼想出有別於他人的創意招數的？」

面對這種問題，職業棋士可能會做出相同的回答：為了解決問題去做研究，有一天突然想到了新招。亦即不是知道創意的思考術之後才想出創意招數，而是努力想辦法解決，結果在某一瞬間突然想到了新招。職業棋士即便身處最後讀秒的瞬間也能想到奇特的妙招，是因為平時為了解決問題，一直在堅持不懈地自我訓練。

從這個意義出發，我認為創意是解決問題的意志和堅持不懈探索的結果。

即使一出生就配備有天才的大腦，如果沒有好奇與探索之心，也絕對不會有創意。

一般人認為只有有創意的人才能做創意思考，比方只有比爾・蓋茨或史帝夫・賈伯斯、著名美術家和音樂家這等人物才會有創意。但創意並不一定是必須發明什麼或打造新的藝術品；創意無處不在。我從妻子為我做的料理中也能感受到創意，即使是同樣的食物，也能讓人感受到些許不同。妻子做的甜米露味道很好，喝完之後，胃裡很舒服；她的米糖或麥芽糖中，可以嘗到其他地方沒有的清爽感。我曾問她放了什麼，她說在甜米露裡放了少許生薑，在米糖裡則加了橘皮。

我認為廣義的創意是「與別人不同的想法」。「不同的想法」不是隨意想想，而是在意識到問題並在努力解決的過程中所獲得的。

妻子之所以能做出與別人不一樣的味道，應該是無論如何都想讓家人吃得更美味、更健康的心意吧。亦即雖然想給家人喝甜米露，但甜米露性寒涼，喝太多會讓人肚子疼，為了解決這個問題，她可能想到放些性溫的生薑；米糖和麥芽糖會讓人覺得嘴裡發澀，便想到放進一些能帶來清爽口感的橘皮。

創意的思考過程在任何領域都相同，其核心就是問題意識與提問。有沒有辦法改進這個問題？到底問題出在哪裡？如此向自己提問，運用常識和知識去推敲，尋找解方。如此反覆嘗試，取得自己想要的結果，這就是創意的誕生過程。因此，如果想成為有創意的人，最重要的是有解決問題的強烈意志，並且不斷自問是否有更好的辦法。

創意的根源來自「提問」，多半出自好奇心強，敏於感知到問題或缺乏的人；也就是主要來自那些已經看到問題，無法忍受懸而未決的人所發出的提問。由此看來，也許創意的本質並非創造力，而是如果出現任何疑問「不解決就無法忍受的性格」也說不定。

圍棋高手也是如此。關於圍棋，我們求知若渴。碰上解不開的棋局真會廢寢忘食，走路的時候、上廁所的時候，甚至睡覺的時候也不能不思考那個問題。大膽向同事求助的情況也所在多有，當面討論有助於更快解決問題。

有天我走進韓國棋院辦公室，巧遇芮迺偉九段。她看見我，高興地走過來，並拿出一張畫來：

「如果在這個定式中把棋步的順序改成這樣，下一步會是什麼？」

那是棋手都認識的「小林定式」[9]。定式是經過長時間驗證後公認的典範，鮮少會有人質疑，芮迺偉九段卻似乎有些難以釋懷。她當時正思考著，若更換一步棋，我們篤信的小林定式是否會因此崩塌。

芮迺偉九段是中國女圍棋棋士，一九八八年以女性身分首次登上九段。儘管性格溫和沉穩，圍棋生涯卻相當曲折。因為與中國棋院不和，她幾乎是被趕出中國的；離開祖國後在日本和美國流浪，足足有十年的時間不曾下圍棋。幸好她和韓國棋院談得很順利，從一九九九年開始在韓國活動，直到返回中國為止，在韓國生活了十三年。在此期間，她創下很多驚人的紀錄，不僅二十六次獲得女子棋賽冠軍，還成為韓國第一個、也是世界上首位戰勝男性登上王位的選手。那是在韓國的國手戰，令人心痛的是當時落敗的男性對手就是我。芮迺偉是韓國圍棋史上第一位女國手，也是獨一無二的外國國手。

芮迺偉九段的提問連我都沒想過，沒有立即給出答案。幾天後，正好有個和李昌鎬等多名後輩棋士聚會的場合，便提起了此事。

「這是芮迺偉九段問的，你們怎麼看？」

我們當時既沒有棋盤，也沒有畫下來，但愉快地討論起來。剛開始真像芮迺偉九段懷疑的那樣，定式似乎為之動搖了。進一步討論後發現，形勢依然沒有變化。而且在努力證明這一點的過程中，李昌鎬還發現了完全沒有想過的新招。

如果芮迺偉九段不質疑小林定式，之後會發生什麼事呢？也許就不會為此陷入苦思冥想，但也失去了發現新意的機會。正因為她提出了問題，我們跟著

9 小林光一經常使用的招數，是從原有的定式上變形而成。

一起苦惱，才能發現有創意的新招。

如前所述，所有的發現都從提問開始。如果不提出「為什麼會這樣？」「沒有其他方法嗎？」「這真是最好的嗎？」等問題，就不會開始思考。

圍棋棋手絕對不會輕忽對方的每一招，我們覺得每一步棋都是意味深長的。「為什麼下在那裡？」「這一步有什麼意圖？」即便時間很短，我們仍竭盡全力思考，並且非要找出理由，再決定下一步。

人生的關鍵時刻，若能像下圍棋，深切思考接下來的每一步，那就再好不過了。茫然地做決定，或者因看不見的壓力、逼不得已，或因時間急迫就隨意決定，最後必然要後悔。

因此，如果有無時無刻都在困擾你的問題，絕對不該輕忽，不能因為難以解答就迴避它。對於「這為什麼會這樣？」「該怎麼解決？」「什麼才是對的？」「什麼方法最合理、最有效？」等問題，應該絞盡腦汁地尋求答案才行。

我相信這種問與答的思考法不僅適用於圍棋盤，也適用於學習、工作、人際關係、自我管理等領域。背誦的知識會遺忘，但透過提問和回答理解的知識會成為自己的資產。光是靠提問與求解，就能提高實力與效率，從而更加完善自我。當然，如此苦思後得到的答案也不總是能得出最好的結果，但至少是我自己選擇的，所以後悔也會減少，並且能擁有負責任的心態。因此，想起「為什麼？」這個提問的瞬間，才有可能遇上比現在更好的機會。不能白白浪費它，一定要專心思考，凡事必有根本的原因，必有更好的辦法。

思考也許是無趣、令人頭疼的事情，而且因為無法立刻想出答案，反而帶來更大的混亂。可是當最終找到答案時，就會迎來用任何東西都無法替換的喜悅。最初可能需要很長時間才能找到解方，一旦把思考變成習慣，完成自我提問和尋求答案的獨有流程，就可以更快地找到解答。圍棋高手們能靜靜坐著預測數十種招數，也是得益於那無數次的訓練。養成習慣，性格會跟著改變，成為更慎重、深思熟慮、積極的人。也會成為不迴避人生所有問題，積極面對、解決，永不放棄，持續努力到最後的人。

二段

良好的思考來自良善之人

才智不能逾越德行

我在日本留學的十五歲那年，發生了差點和圍棋永遠分道揚鑣的事情。

通過職業入段之後，我參加了藤澤研究會。這是有日本圍棋界奇人之稱的藤澤秀行老師主持的私人研究會，我幾乎每天都會去那裡和大竹英雄、林海峰等引領日本圍棋界的名人一起研究圍棋。

藤澤老師是當時日本最優秀的圍棋明星。如果說瀨越老師像我嚴厲又可怕的爺爺，那麼藤澤老師就是放任我的慈父。每次看到小小年紀的我，老師都會捲起袖子開玩笑地說：

「來吧，薰鉉！」

我們總是以快棋[10]對決。藤澤老師主張，圍棋自古以來就應該是以閃現的感覺進行，而不只是計算。我也屬於快速下棋的類型，當我們倆開始下圍棋時，落子的聲音相當嘈雜。

孤獨地在瀨越老師的指導下學習圍棋，藤澤研究會就像我喘口氣的地方，來這裡不僅可以盡情地下圍棋，還有其他棋手可以交流，增進友誼。他們都是我的前輩和長輩，我像個老么那樣備受關愛。

安倍吉輝六段也是其中一人。他雖然總是敗在我這個二段的後輩手下，但每次見面都要求決鬥，可說是一位頑強的圍棋鬥士。

一天下午，我去了藤澤研究會，他果然過來找我。

「薰鉉，今天我們來賭一盤！」

---

10 需在短時間內快速落子的對局。

這真不像話。瀨越老師嚴格要求絕對不能做的事情之一，就是賭博和賭棋。

「對不起，我不能賭棋。瀨越老師說過絕對不能賭棋。」

但是安倍吉輝六段非常固執。

「在這裡沒關係，只有我們自己知道。」

「對不起，老師說過絕對不可以。」

我汗流浹背地拒絕。但是在一旁觀看的藤澤老師卻站了出來。

「薰鉉，跟他下吧！這是為了增強你的勝負心理，你不用覺得是在賭博。一局賭一百日元不要緊。」

我無法再推辭，只好坐下。

賭棋一展開，研究會的成員蜂擁而至，開始加油助陣起來。

「薰鉉，不要太認真！」

「安倍，把薰鉉的鼻子打扁。」

聽到這樣的話，不知不覺間，我把瀨越老師的禁令忘得一乾二淨，一心只想著要贏。

一局、兩局、三局。我一連贏了三局，本應該到此為止，但不服輸的安倍六段卻堅持要繼續。第四局、五局、六局，直到第六局我全部獲勝，安倍六段才低下了頭。

那天我贏了六百日元。雖然我不肯收錢，但安倍六段說約定就是約定，硬是把錢塞到我手裡。然後我把這件事忘得一乾二淨。過了幾天老師把我叫去。

「薰鉉，你過來！」

我走上前去，發現老師的表情嚴厲得可怕。

「你跟安倍吉輝賭棋了？」

沒有辦法，我只能承認說「是」。那一瞬間，老師的臉變得非常可怕。那麼可怕的臉色，我還是第一次看到。

「馬上離開我家！你沒有資格學習圍棋，和我的緣分就到今天為止，馬上回韓國去！」

就這樣了。瀨越老師對自己說過的話從不反悔，決定就是決定了。無論是辯解還是道歉都沒有用。我收拾了幾件衣服離開老師家。老師的兒媳不知所措，一臉心疼地跟著我走出大門，但因為老師大聲責難，只得趕快返回。

眼前一片漆黑。背負眾多期待踏上日本留學之路，結局卻是被逐出師門……日本的文化是只要在一個道場被逐出師門，就不會有別的道場願意接受。被逐出師門無異於在圍棋界敲響喪鐘，即使回到韓國下棋，這種汙點也會一直伴隨到死為止。

我當時只能漫無目的地走著，對於應該去哪裡、以後怎麼辦，完全沒有任何想法。在茫然的狀態下徘徊東京街頭，天色變暗了，這時我才想到無論如何都要找到暫時寄居的地方。當時想起我偶爾會去拜訪的，由韓國僑民經營的餐廳，我問老闆能不能讓我暫住，最終得到以洗碗、打掃為代價，暫時住在那裡的許可。

第二天，我就成了一名洗碗少年。從一大早開始準備材料、洗碗、打掃和整理，就這樣過了一個星期。不知道該不該就這樣離開日本，也不知道應該怎麼向父母啟齒。我每天晚上都打電話到老師家，哭著問老師的兒媳，老師氣消了沒、有沒有再接受我的可能。除此以外，我沒有任何可以做的事情。

過了十天左右，終於從老師的兒媳那裡收到好消息，說是瀨越老師的氣好不容易消了，現在可以回來了。我簡直不敢相信：這是真的嗎？那樣頑固的老人真的原諒我了嗎？

我馬上跑回老師家。一按門鈴，門真的就開了。老師看到我，什麼話都沒說。我們默不作聲地共進晚餐，像往常一樣走進各自的房間。老師像平時一樣喝酒，我也像平時一樣翻閱圍棋書。

兩個星期的風波就此結束。後來才聽說，自從我被趕出去後，很多聽到消息的人來找瀨越老師說明情況，包括安倍六段在內，而藤澤老師也頻繁登門，請求原諒。特別是安倍六段自責說一切都是因他而起，賭棋是他起頭的，對外宣揚的也是他，並不是為了讓我難堪，而是想稱讚我的實力，沒想到會傳到老師的耳朵裡，引起風波。

這件事讓我受到不小的打擊。再怎麼反省，當時的情況都不允許我拒絕，即使再來一次，我還是只能做出同樣的決定。但是我違背了原則，無論前因後果為何，違反原則是事實，為此應該受到懲罰。老師為什麼那麼嚴厲？當時我無法理解他的那種頑固，直到長大後我也成為老師，經歷過很多事情，才慢慢能夠體會。

老師在看到我的第一眼，就知道我有成為第一人的本事；問題不在於本事，而是人品。這孩子能否具備與圍棋名人匹配的人格與特質？老師一度決意不再招收學生了，卻在遲暮之年接受我，原因就在此：他感受到要把我變成真正圍棋人的使命感。

韓國有句名言是「非人不傳，不才勝德」。意思是，不要向人格有問題的人授以高官或祕密技術，不能讓才能或知識領先於品德。雖然只是區區幾百日元的賭棋，但如果當時不糾正，以後就會成長為巨大的人格缺陷，所以從一開始就必須嚴厲訓斥。

老師的原則雖然很嚴酷，但托老師的福，我才能真正成長。要不是當時被修理得那麼厲害，我對稍微顯現的歧路不會有太大的問題意識，說不定日後就會成為容易與原則妥協的人。

當然，即使再回到當年，在那種情況下，也不得不下賭棋。但知道這是違反原則的事情、是絕對不能重蹈的行為，和不知不覺完全不同；亦即面臨外界的引誘，懂得不越界，並加以節制。

在那之後，我也曾背著老師偷偷進出柏青哥賭場，也打麻將，浪費了很多零用錢。這些事的本質雖然與圍棋不同，但在智力激盪和追求勝負方面，還是帶給我樂趣。即便如此，我的圍棋學習從來沒有出現問題，小時候那被老師狠狠教訓的記憶，深植於內心。

我現在偶爾下賭棋、賭高爾夫球、賽馬或打撲克牌，但只是當作增進趣味的遊戲，絕對不會想要下大筆賭注，這些只是為了暫時冷卻圍棋的勝負之心而轉移的輕鬆娛樂罷了。

巔峰屬於內心強大的人

社經地位高的人也有跌落神壇的時候。有的情況是不太嚴重的失言或失誤，也有一些是惡劣的私生活、不正當的幕後交易、違反法律的行為等道德上的重大瑕疵。那些學歷高、富有的人為什麼會做出那些事呢？

思考既反映在行動上，也反映出選擇。什麼樣的人在想什麼，看那個人的選擇就知道了。一百句好聽的話有什麼用？只要做出一個錯誤的選擇，就會暴露出那個人是怎麼想的。

看到壞人功成名就，我也會懷疑自己是否該那樣生活？遵守原則和道德是不是反而會吃虧？我的價值觀有時會因此動搖。只是長時間觀察就知道，壞人的好運只是剎那間的現象，只是一時得意，不會持續太久，不會永遠好運。壞人雖然不一定受到懲罰，好人也不一定有好報，但大致上壞人總是會被淘汰，好人最終會得到認可。

即便是極少數，但在職業棋士中，也有些人不用堂堂正正的圍棋招數來較量實力，而是耍小聰明，比方悄悄誘導對方違反計時器[11]或著手規則等細瑣規定。表面上是敗在了違規，但下棋的人都知道是上當了。儘管委屈、生氣，但我不會太過在意，因為這樣的人不會持續勝利。用這種手段勝利有什麼好處呢？雖然可能有一、兩次靠小聰明贏棋，但不會太長久，尤其在棋壇的巔峰絕對行不通。

巔峰不是任何人都能攀爬上去的。不是只要努力就能上位，也不是實力好就能上去。不僅要有運氣，性情和人品也要能跟得上，尤其內心要很強大。即使實力再好，如果沒有能承受巔峰重擔的性情，即使暫時上位，很快也會落馬。

下圍棋的人，任何情況下都要保持沉著冷靜，不能挑釁對方，也不能使出卑鄙的手段；贏了不要太高興，輸了也不能太傷心。即使再有實力，如果不能度過這樣的鍛鍊，絕對無法攀上巔峰。只有能保持平常心的人才能登頂。

無論我去哪裡、輸了還是贏了棋回來，瀨越老師從來沒有稱讚，也沒有訓斥過我。在輸得太離譜而怒氣沖沖的日子，或者贏得非常漂亮、得意洋洋回來的日子，老師都像往常一樣，讓我打掃院子，或者做準備酒菜等雜務。無論是如何泛濫的喜悅，抑或彷彿要撕裂的痛楚，他都讓我像看待日常生活一樣，藉以教我修煉心性。

培養心性和人品，並不意味著能馬上成功，成績和實力也不會突然提高。那為何要如此費盡心思？還不如利用這個時間多解一些問題集。如果只考慮眼前的利益，這確實是正確的。但是人性得到評價的瞬間比想像中來得快，每天

11 圍棋對弈時，計算限制時間的機器。

的行動、語氣、表情等都能體現心性和人品，而這些都會成為評價，回到自己身上。

在遭遇重大危機或機會時，尤其會體現出真正的人品。是坦誠認錯，還是為了自保、將責任轉嫁他人？擁有力量的時候，為了什麼、以及如何使用它？在這種選擇的瞬間做出的行動，就是那個人的人品。人品不成熟的人，無論腦袋多麼聰明、才能如何出眾，都無法正確使用其聰明才智：不會正確思考，就無法正確行動。

看看歷史就知道了。希特勒雖然是稀世天才，但陷入帝國主義和優生學等奇怪想法，使人類陷入死亡的恐懼中；史達林也被權力矇蔽雙眼，展開無情的肅清和恐怖政治。如果原子彈落入德國或日本手中，而不是美國，會發生什麼事？也許不是用來結束第二次世界大戰，而是用於征服，導致人類走向滅亡。

思考如同樹木一樣伸展枝葉生長。如果樹枝向錯誤的方向延伸，只能繼續朝那個方向生長。所以即使是簡單的事情，也要遵守原則和道德。唯有原則和道德不斷積累，成為一種習慣，在重大決定面前才能夠不被誘惑，做出正確的選擇。

最好的身教是老師的人生

瀨越老師收我為弟子，與其說是教我圍棋，不如說是為了培養我這個人。但他並沒有特別注重我的品性教育，雖然有不要賭博、不能賭棋等重大規則，倒沒有一一說明該做和不該做的事。老師只是把他的真實模樣毫無修飾地呈現在我面前。

老師每天同一時間起床，將自己打理好之後先看報紙、簡單吃過早餐，便連續幾個小時研究圍棋。除了在院子裡慢慢地散步，他整天都在反覆下著圍棋或閱讀。偶有客人來訪，老師也沒有表現出特別高興的樣子，來人即使是政治家或部會首長，他也一樣淡然處之。有次門外跑來一個乞丐，他對待乞丐的態度和對待高官並沒有什麼不同。

老師唯一難掩喜悅的時候，是著名小說家友人川端康成[12]來訪。川端先生一上門，他們就會一起喝茶，暢談各式各樣的話題，主要是關於圍棋和文學。他們經常用低沉的語調安靜地交談，這讓我很難聽懂。

吃晚飯時，老師會喝點清酒。他非常愛喝酒，由於年事已高，而且在廣島原子彈爆炸時受到影響，健康狀況不好，但還是拒絕戒酒。醫生懇請他別再喝了，老師依舊搖頭拒絕。

「就算明天會死去，你也別想叫我戒酒。」

醫生勸告他，如果非喝不可，那就每天只喝一合[13]。老師答應了，直到去世都嚴格遵守這項約定。醫生說不要一口氣喝完，花一、兩個小時慢慢喝，老

12 名著《雪國》，一九六八年獲諾貝爾文學獎。
13 譯注：容量單位，一合為十分之一升。

師也遵行不悖。他喝酒的樣子，在我眼中像一種酒道。穿著和服坐在飯桌前，默默地喝著一杯酒，老師就像東方畫裡的修道人。

我生性好動，對世界充滿好奇，因此雖然非常尊敬老師的生活方式，另一方面也覺得鬱悶。老師生活在框架中，連世界如何運轉都不知道，對一枝筆、一袋米的價格沒一點概念，出門買東西一定會被敲竹槓。畢竟他終生只關注圍棋這一條路，難免局限其中，像修道之人一樣生活。

我無法成為修道之人，也不想成為修道之人，更不想只盯著圍棋過一輩子。雖然因賭棋事件捱了一頓訓斥，卻也斷不了對世界的好奇心。柏青哥、麻將、撲克等有趣的勝負世界非常多，我曾瞞著老師偷偷去柏青哥賭場，結果再次面臨被逐出師門的危機。我既然有這種心態，看著如同靜物畫一樣生活的老師，真是感到鬱悶。聽著老師的話，不止一次心裡想著「不是那樣，最近不是那樣……」但是現在我知道了。雖然我和老師有著不同的認知，過著不同的人生，精神則是一樣的。

瀨越老師帶了我九年，真的把一切都教給了我：他對圍棋的所有瞭解、對待圍棋的態度以及他的精神世界。這並非坐在他面前，被一一地教育、灌輸，只是每天一起吃飯、生活，透過他生活的模樣，一點一滴地滲透進我的生命裡。

如果問我學到了什麼精神層面的知識，我實在無話可說，因為用眼睛看不見，也無法用尺測量，更不知道從何處開始、在何處結束。但是九年的時間裡，老師一直在我身邊，我也一直關注著老師。他對待人的樣子、對待圍棋的態度、整潔的裝束、規律的生活等，我都一直在旁觀察。那時沒聽懂老師的話，隨著年齡增長，記憶便愈發清晰。

「生活最重要的就是遵守為人的道理。」

「要想成為一個人，就必須具備人格、人品、人性。」

「老師的責任不是給予答案，而是開路、守護學生。」

「第二名很不幸。薰鉉，既然你決定走這條路，那你就得成為第一，要不然人生就太可憐了。」

包括我在內，老師一生只收了三名弟子，應該就是出於這個原因。因為怕創造弟子可憐的人生，只選擇第一流人才。一眼就能看出誰會是第一流的人才已經很不可思議，實際上把三個弟子都培養成第一流高手更是令人驚訝。老師總是這樣說：

「我培養了中國的吳清源、日本的橋本宇太郎，但是沒能報答韓國的恩惠，總是感到很遺憾。多虧收你為徒，才能完成心願，真是萬幸。」

我很好奇老師到底虧欠了韓國什麼，後來才知道那是關於圍棋的恩惠。在圍棋這個領域，日本雖然是最強的國家，但因為是從中國起源，經由韓國傳來日本，所以他認為自己對這兩國有所虧欠，必須償還。老師對待圍棋的心意就是如此深厚。

我無法達到和老師一樣的境界。雖然也盡量單純地以圍棋作為我日常生活的重心，但還達不到老師的境界。我經常在旅行中觀察世界，還玩過賽馬或撲克等賭博活動，對其他領域的事物也很感興趣，甚至還投身圍棋遊戲事業；如果老師還活著，我可能已經多次被逐出師門。

但我知道，我畢竟是老師的徒弟，我心中流淌著老師種下的、對圍棋的熱愛和作為人的道理，還有那深沉的精神世界。雖然因完全不同的個性和氣質而表現出不同，根源是一樣的。因為我擁有的一切都是從老師那裡傳承下來的。

如何教導人品和人格？禮儀可以傳授，人品卻無法教導。為了教育而衝鋒陷陣，有可能會毀掉那個人。人性、人品、人格就只是自己所示範，把自己如何生活的樣貌如實地展現出來，讓弟子觀看學習。

而就算弟子違反了我的標準，也不必急著訓斥。只要老師抓住重心，弟子就會自覺地改正錯誤。不改正也沒關係，那是因為時代不同，並不是因為想法有別。在老師的時代應該遵守的原則，在學生的時代可能已經改變，但這種精神是不會改變的。

一如師生關係，親子關係也一樣。沒有必要認為人性教育很難，直接做給孩子看就行了。如果孩子沒有正直地長大，那是因為父母沒有做出良好的示範。如果孩子精神散漫，有著不正常的想法，那是因為父母就是那樣的人。

最貧窮的父母不是沒有錢的父母，而是沒有精神世界可以傳承的父母。小時候從父母那裡繼承的精神世界，才是長大後在社會上結交同伴、選擇職業、組建家庭、尋找生活目標等影響日常所有選擇的標準。如果傳承到正確的思考，當這個標準被不好的誘惑所動搖時，腦海中就會浮現「不行！」並阻斷它。

超越勝敗的情緒

我在一九八九年贏得應氏盃圍棋大賽冠軍後回到韓國，李昌鎬只是以石佛般的表情低下了頭，沒有表示祝賀的問候，也沒有笑容。抵達金浦機場後，從機場到鍾路區舉行了車輛遊行，得到眾多歡迎人潮的祝賀，還接到了數百通來自圍棋界人士激動的電話，弟子李昌鎬就是一聲不吭。但我們的關係本來就是這樣，彼此都沒有過多的情感表現，他不進我的房間，只是在附近走來走去，觀察我的臉色，這就已經是他最接近祝賀的舉動了。

李昌鎬在成為我的弟子滿兩年後，就通過了入段資格，從那時起，昌鎬以光速成長著，只要參加比賽，總會贏上數十盤，而我也從來沒對昌鎬特別說什麼祝賀的話，昌鎬也不曾對我表達過喜悅。我的妻子會擁抱他說恭喜，並握住他的手，這時昌鎬都會微微一笑。我和他之間，則是贏了沒有稱讚，輸了也沒有安慰。

這種情況與體育界的師生關係大不相同。摔跤選手獲勝後，教練會興奮地跳上戰場擁抱選手。滑冰運動員金妍兒在比賽順利結束後，也會第一時間擁抱教練。而我和昌鎬則什麼都不說，只是望著遠山。我們的師徒關係真是無趣。

我接受李昌鎬為弟子是在一九八四那年，我三十一歲的時候。鼎盛時期收徒，在圍棋界也是非常罕見的事。平時我一直認為，如果要收徒弟，應該在退休後的晚年，因此也算突然之舉。

昌鎬在來到我家之前就非常沉默寡言了，自從來到我家之後，愈發像個不說話的石佛。不僅話變少，表情也消失，連行動都像個老人。當時他才九歲，走路時留心不發出聲音，行動總像是不存在的人一般，而我的妻子是他的主要照顧者，曾多次傷心地說他太可憐了。離開父母身邊，與陌生人一起生活，會這樣也情有可原。我小時候也住在別人家裡，在大人身邊生活，所以很清楚昌鎬的心情。他肯定會感到不舒服和孤獨，但是要想下好圍棋，就必須堅持下去。因為精神上要比別人加速成長，所以我對昌鎬沒有特別親切，也沒有甜蜜的安慰和稱讚。

對於職業圍棋棋士而言，輸贏就等於吃飯一樣。飯不只是今天吃，明天要吃，後天要吃，大後天也要吃。一年後、十年後我們還是要吃飯。所以不能因為今天的飯好吃就興奮、難吃就發脾氣。在勝負的世界裡，如果不懂得控制情緒，選手生涯就不能長久。

我是看著瀨越老師一以貫之的姿態長大的。他雖然從未特別教導過我應該怎麼做，但是看著老師的樣子，自然而然地就學會了。老師的人生態度是感情如流水，不能讓無謂的情緒吞噬自己。對於喜悅要毫無波瀾地觀看，對於悲傷和憤怒也要毫無情緒地直視。如果贏了就沾沾自喜，那輸了的話一定無法承受。為了勝利，要積累數千次失敗的經驗，因此要以日常經驗的角度淡然處之。

所以我能給予昌鎬的，只有我自己做得更好而已。職業棋士也是人，輸棋的日子一樣會很難過。我們最親近、不需做作以對的就是家人，應該可以向家人表達情緒才對，但我無論輸贏，都不怎麼表現出來。像平時一樣睡覺，第二天早上還是在同一時間起床。

當然，這不是件容易的事。失敗的痛苦會慢慢上升，讓人無法入眠，輾轉反側。但沒有什麼好辦法，起身到院子裡散步，或者讀書，以這樣的方法調整心態，努力幾天過後，痛苦就會慢慢消退。

我沒有教昌鎬圍棋，只是把我生活的樣子原原本本地展現出來。就像瀨越老師把他所擁有的一切傳給我那樣，我也如此把我擁有的一切傳給了昌鎬。如果我有什麼優點，昌鎬會自行判斷，如果我有缺點，他也會放在心裡。

他可能會感到鬱悶吧？因為我是最優秀的棋手，才來跟我學習，我卻讓他自己摸索，應該難免有失落的時候。但是最終，昌鎬以我所希望的樣子長大，他默默地認真學習圍棋，成長為無可動搖的石佛。而且他無論去到哪裡都不會捱罵，有高度的責任感，安穩地過日子。我想，我能做的都做完了。

一九九〇年第二十九屆最高位戰，昌鎬以驚人的氣勢戰勝了當代最優秀的高手，以挑戰者的身分坐到我面前。在一九八八年的最高位戰和大王戰，以及一九八九年的國手戰上，我們都曾展開過師徒對決，這次卻不一樣。昌鎬是升起的太陽，我能感覺到自己的氣勢被那熾熱的熱浪壓了過去。雖然在第四局艱難地打成二比二平局，最終在第五局仍讓昌鎬取得了半目勝。

那天晚上我們同乘一輛車回家。一個人贏了，另一個人輸了回來，家人們既不能慶祝，也不能安慰，應該覺得很為難吧。但是不管內心如何，昌鎬和我都像平時一樣行動：我馬上就寢，昌鎬繼續摸了一、兩個小時的棋子才去睡。對於昌鎬來說，這可能是他出生以來最激動的一天；對我來說，則是痛苦和喜悅同時到來、非常艱難的一天。但不管怎樣，我們那天的作息都和平時無異。

改變思考，世界就會為之改觀

李昌鎬從我身上奪走最高位戰冠軍頭銜後，社會一片譁然。十五歲少年榮登冠軍寶座，對手還是現在同住一個屋簷下的老師。這樣的事情在世界圍棋史上可是空前絕後的。

無論是體育還是棋壇，老師和學生的年齡一般差距很大，活動時期不會重疊。尤其是圍棋界，一般會到年紀大了才收弟子，而弟子的成長需要很長時間，因此幾乎不見師徒對決的情況。我也預想過，最快要到我四十多歲，才會和昌鎬一決高下。但是昌鎬的成長速度太快了，一九九〇年昌鎬奪走我的最高位戰冠軍時，我才三十七歲，正處於人生的黃金期。可能是因為弟子的成長太跳躍了，比起喜悅，我感受到更大的驚訝。

昌鎬沒有就此止步。一九九〇年九月我們在國手戰中再次相遇，這次他以三比零戰勝了我。一九九一年他還獲得大王戰、王位戰、名人戰等三個冠軍頭銜。到一九九一年末為止，昌鎬成為七冠王，而我則只是四冠王。昌鎬就是在這個時候離開了我家。

雖然無論比賽結果如何，日常的生活繼續，但每天在同一個屋子裡面對面，還是有些尷尬。另外，把已經超越我的人當作徒弟也不合適。昌鎬從我這裡學到了一切，我再也沒有什麼可教他的了。我們之間的一切如流水般，昌鎬像剛踏進我家那天，面無表情地低頭行禮後離開了我。妻子努力忍住眼淚，我則默默看著昌鎬的背影。

獨立後，昌鎬的攻擊更加猛烈。這也意味我的沉落加快。那時和昌鎬比賽，我總是累得要暈倒。當時每個人的限制時間是五小時，所以早上開始的對局經常超過晚上十點才結束。我的體力已達極限，腦海中高強度的計算令全身累得幾乎要分解。相機的閃光燈仍在閃爍，我幾乎只能躺著下棋。媒體友善地使用「臥棋」一詞來形容，但事實上，這是中年圍棋皇帝在十六歲少年的政變中垮臺的一個悲傷、沒落的場面。就這樣，我的所有頭銜幾乎都傳給了昌鎬，只握著一個小的，而昌鎬連這個都沒有放過，一九九五年二月，我被昌鎬奪走了僅存的大王頭銜。時隔二十年，我又淪落到無冠無冕的身分。

但是很奇怪，那天晚上回家，心情格外平靜。一切都失去了，心情卻很輕鬆。經過幾天的酣睡和休息，身體和心情都變得更好，感覺就像可以重新開始似的。從那時起，我心中出現很多積極的想法。沒有任何頭銜，意味著此刻沒有什麼可失去的了，想要守護的時候那麼辛苦，一旦都失去，人終於獲得自由。

是啊，已經跌到谷底了，再也沒有比現在更糟的情況了。從現在開始只剩下往上爬這一件事，只要重新出發，就能向前邁進一大步。

這些積極的想法湧上心頭，也許是這樣才能活下去吧。如果一直被痛苦和憤怒包圍，未來只有死路一條，因為想活下去，才會有這些想法。另一方面是因為熱愛圍棋，不能放棄，所以無論如何都要繼續活下去。不管原因為何，多虧了這些積極的想法，我才能很好地度過那段艱難的時期。

不少人一旦陷入挫折就覺難以忍受，在嚴重的失落感中放棄所有的意志，與世隔絕，甚至有人選擇結束生命。幸運的是，我有著能夠微笑度過這種危機的健康心靈。這可能遺傳自父母的天性影響，也可能是得益於瀨越老師傳來的精神力量，或者是因為家人一如既往地支持與信任我。當這種積極的想法出現，我對養育和愛我的所有人重新產生了感激之情。沒有他們，就不會有圍棋皇帝曹薰鉉，也不會有戰勝困難時刻的力量。

我反芻著自己內心的積極想法，從黑暗中慢慢往上攀爬。沒有任何冠軍頭銜以後，我比誰都更努力地參加比賽。僅一九九六年一年就比了一百一十局，相當於每三天下一局。不是像以前那樣，作為衛冕者站在頂端等待挑戰者，而是從正式比賽開始，經過淘汰賽的艱難旅程，只要輸一局，就會跌入絕境，因此勝負更加驚心動魄。時隔許久，再次與年輕的新人展開較量也讓我耳目一新。雖然輸贏反覆，對於勝負開始變得超然。在無數場對局中，我接受了自己隨時都可以輸的事實。心情舒坦了，臉上多了笑容，也愛開玩笑了。故意向後輩們裝可憐，要他們手下留情也是從這個時候開始的。

此後，昌鎬的獨霸體制逐漸鞏固，我則始終不曾懈怠地前往挑戰。我在一九九八年成為國手戰挑戰者，與昌鎬再次遭遇。那時我盡了最大的努力，在一百五十九手後，才令昌鎬降服。戰勝昌鎬這件事其實並不重要，我只是覺得自己能夠重新登上頂峰。當然，即使登上頂峰，不僅是昌鎬，還要迎戰許多升起的耀眼太陽。但我至少不會輕易退縮，證明了自己寶刀未老，這一點別具意義。

隨著時間流逝，二〇一一年李昌鎬成為無冠棋士時，我看到他接受媒體的採訪。當被問到心情時，昌鎬這樣回答：

「真正輸掉比賽後，心裡反而變得很輕鬆。對於無冠，我不會賦予太大的意義。只要能展示更好的圍棋、更好的內容，無論何時都能取得好成績。」

看到這個採訪，我笑了笑。那時昌鎬應該也明白了我的心情，那就是只以愉悅的狀態下棋。

（此部分為傳達正確的事實，參考了圍棋專門記者鄭溶鎮的報導〈曹薰鉉——李昌鎬的十年師徒對決〉，月刊《圍棋》五〇〇號）

三段

如果能贏，一定不要放過

唯有不放棄的人才能創造逆轉

一九九七年第八屆東洋證券盃決賽第一局。我的對手是在準決賽中戰勝李昌鎬晉級的小林覺九段。

情況不是很好。決賽初期，由於瞬間的錯覺，大龍被殺，此後一直被追到接近終盤。任誰看了都知道勝負已定，大家都在等我認輸。

可是感覺不大對勁。我展開最後掙扎，在一番非常勉强的攻擊後，小林九段鬆動了。他開始對只要按原樣落子就能輕易阻止的招數表現得過敏；難道是因為太想贏了嗎？用圍棋人的說法，就是慢慢開始發瘋。

那一瞬間，我突然覺得還有機會。棋局尚未結束，距離填滿棋盤，我還能再堅持幾十分鐘。我開始死纏爛打。當時比賽有電視直播，觀眾們可能很驚訝，心想曹薰鉉在做什麼？為了挽回敗亡的局面而做無謂掙扎，他們也許感到寒心。

皇天不負苦心人。可能是做出極大的誤判，小林九段把棋子放在了莫名其妙的地方。從那時起，戰局完全改觀。面對我的攻擊，他開始束手無策。在二百三十手之後，比賽結束，結果是我以六目半勝。

「曹薰鉉太過分了！」

對局結束後，觀戰者們嘖嘖地咂著舌頭這樣說道。似乎是因為我把對手咬得太緊，誘使對方出現失誤。小林也一臉無言以對，明擺在眼前的勝利竟被對手荒唐奪走，他一定不相信這種結局。

幾天後，第二局比賽登場。這次也是被小林完整的戰略所輾壓，我方中央大龍被追擊，幾乎陷入全軍覆沒的境地。比賽進行到一半，我似乎就要輸掉這場比賽了，此時又發生了驚人的事情：在進行劫爭[14]的時候，小林九段卻找了一個瞎劫材[15]。

起初根本沒發現是假劫，突然精神一振，開始看清楚局勢。清理擋在前面的一個黑子後，被切斷的棋子就連接起來，形勢瞬間改變。這次也是逆轉勝。

第三局的進程也差不多。直到中盤階段，我除了右下角[16]，沒有圍出像樣的地，而小林則不斷開疆闢土。大家都預測，在第一、二局中，實際上小林占優勢，因此小林將贏得第三局。只是我又迎來逆轉的機會，在中盤嘗試的妙手，製造了接近於無憂角的天下劫[17]。獨自奮戰的小林，終於在第二百八十五手認輸。

這是我時隔兩年八個月之後，再次在世界大賽上奪冠。當時我處於國內棋戰中一直敗北的時期，這次奪冠更有價值。

下圍棋的人對於當時比賽的棋譜眾說紛紜，因為從內容判斷，一到三局都是小林應該取勝的局面。我無數次聽到「緊咬對手到這種程度最終獲勝，曹薰鉉實在是太狠了」這種話。

但勝負的世界本來就是如此；不，姑且拋開勝負，我們生活的世界本來就是如此。過程固然重要，但結果也同樣重要。能贏就要贏，為此，我們必須始終不放棄，等待扭轉局面的機會。

我之所以堅持下去，並不是因為一定要贏的貪欲，而是因為還有機會贏。如果是真正的勝者，就應該懂得下賭注，即便只擁有極低的機率。棋局還沒有結束，如果我在似乎敗局已定的中盤便投降，還能掌握到這種機會嗎？

我在觀看進行長時間比賽的馬拉松選手時，曾有過這樣的想法。數百人同時出發，但能奪得決賽冠軍的只有一人，後面的無數選手已經知道自己不會是第一名，為何還要繼續比賽？沒有一名選手會因為第一名已經確定，就放棄

14 黑和白取得對方一子的爭戰。
15 為了進行劫爭，下的棋子稱為劫，如果使用錯誤，就會成為假劫。
16 下圍棋時，從自己的角度來看，相當於圍棋盤右下角的地方。
17 雙方風險懸殊的一種劫爭。我方即使輸掉，損失也不大；對方若輸掉，則損失慘重。

賽程或慢慢跑，因為還有很多需要贏過的選手，而且還有真正需要贏過的一件事，就是自己的紀錄。

擊敗趙治勳，成為日本棋聖的小林覺不可能不知道這個事實，他在頒獎儀式上非常乾脆地認輸。

「與內容無關，勝者才是強者。敗者還有什麼話可說呢？」

在職業圍棋的世界，比起實力，心理狀態更能決定勝負。如果輸了就放棄，那這個人的圍棋生涯就應該結束了。但是如果相信有反敗為勝的機會，堅持尋找方法，那麼機會就會到來。能贏就贏吧！戰鬥到底，不要放棄，逆轉的機會將隨時到來。

向世界擴張你的領土

用一句話來概括圍棋，就是擴張領土的遊戲。圍棋的目的是在棋盤上多建造自己的占地[18]，開疆拓土。不僅圍棋以領土擴張為目標，仔細觀察的話，幾乎所有體育項目都與領土擴張有關。美式足球是從投球來擴大領土的比賽，當一個球員把球扔出去、另一個球員拚命地接住球，那麼這片領土就是屬於他們的了。如果最終把球放進對方的球門內，就等於占領了對方的領土。廣義上，手球和籃球也是領土之爭。透過運球和傳球侵入對方領域，將球投進球門才能

18 四周被同色棋子圍住的空格。

得分。足球也一樣，只是足球用的是腳而不是手，可以說是同樣的領土擴張。雖然也有羽毛球、網球、桌球等不侵犯對方領域，只是來回擊球的比賽，但大部分的比賽都是為了進一步占據對方的領土而纏鬥不休的爭戰，競爭往往非常激烈。

在棋盤上，也會展開美式足球中常見的、讓人骨折的那種衝突，以及足球比賽中常見的跌倒、翻滾的肉搏戰。不同的只是，圍棋的爭戰發生在頭腦裡，激烈程度絲毫不亞於這些球賽。作為職業圍棋棋士，無異於以守護我的領土、占領敵人的領土為人生目標。從手執圍棋的那一刻起，我就為了擴大自己的領土而竭盡全力。

我們的生命也沒有什麼不同。大家都想贏，為了擁有更好的生活、更高的地位、更寬敞的房子和更好的汽車而努力。這不是貪欲，而是理所當然。人生來就有欲望，想要擁有更多、享受更多是理所當然的人類本性。除非想以不正當的方式獲取別人的東西，不然欲望和野心是非常健康的心理。尤其在青年時期，這種欲望和野心應該達到頂點，因為這是身體最旺盛、對世界的好奇心和鬥志加速燃燒的時期。

我現在已經放下了對勝負的執著，但年輕時的我和現在完全不同，那個年代我瘋狂地想贏。為了贏棋，我無時無刻不在想著圍棋，看了無數棋譜，不斷研究。因為擁有要贏的野心，才能在叢林裡熬過那段嚴酷的修煉期。

在日本留學時，我周圍都是渴望勝利的野狼。石田芳夫、加藤正夫、小林光一、趙治勳等在世界圍棋史上留名的人物都是我的對手。在最初的幾年間，我一直是他們的手下敗將。即使在韓國被稱為天才，九歲時以最年少的身分入段，對日本天才來說，我也不是他們的對手。每次和他們戰鬥，我都可以說是輸得血肉模糊。

剛開始很氣憤，雖然總是輸，也還可以承受。隨著失敗的次數增多，我也感覺到自己的實力愈來愈強。俗話說，經常捱打就會愈來愈耐打，好像就是用來形容這種情況。隨著時間流逝，我逐漸開始和小林、趙治勳等人對等地比賽，也享受到勝利的喜悅。在二段時期，我參加了當時日本最高棋戰名人戰和本因坊戰，進入到決賽圈。十七歲那年，我創下了三十三勝一平五負的紀錄，獲得了日本棋院評選的新人獎「棋道賞」。

回到韓國後，我也像火車頭一樣狂奔。在最高位戰獲得第一頂王冠後，我依次收下了所有王冠。一九八〇、八二和八六年，我三次獲得全冠王。繼應氏盃後，我還先後奪得富士通盃、東洋證券盃和春蘭盃的冠軍。二〇〇二年在三星車險盃和KT盃比賽中奪冠，被記錄為世界大賽最高齡冠軍。將冠軍頭銜陸續交給劉昌赫、李昌鎬、李世乭等年輕棋士之前，韓國圍棋史上那二十年間都是我的領土。

與此同時，我的生活也變得愈來愈富裕。為了學習圍棋而前往日本的時候，我家還很窮。父母在市場賣蔬菜，全家住在山坡上水泥磚塊砌成的破敗房屋。我這個出身貧困家庭的孩子，因為圍棋拓展了自己的領土，生活的領土也逐漸變寬裕。我離開山坡上的房子，在禾谷洞買了間小屋，然後是二層洋房，最後在視野極佳的土地上蓋起了大房子。

雖然因為習慣，不敢過上太奢華的生活，但是直到父母去世為止，我一直奉養他們，也撫養子女，這讓我感受到生活的意義。還有什麼會比努力擁有更多、享受更好生活的動機更確切的呢？

現在與年輕棋手相比，我的棋力不足，體力方面也遠遠落後，但我仍然竭盡全力取勝。偶爾會陷入泥沼，展開近似賭博的勝負之戰。所以雖然有人評價我的棋風仍舊兇狠，但也代表我的圍棋還健在。到了這個年齡，棋風依然沒有變得柔軟，這或許說明了我擴張領土的夢想還在持續。

我不認為現實世界是像圍棋一樣只有競爭、只有第一名才能生存的地方。但無論過著什麼樣的生活，都要具備為擴大自己的領土而努力的態度。領土擴張並不一定意味著成功、出人頭地、勝利，而是最大限度地發揮自己的潛力和可能性、實現夢想、尋找自己存在的理由，這才是世界領土的擴張。

不要停止問自己並回答：該怎麼生活、為了什麼而生活。既然如此，為了過比現在更好、更幸福的生活，就應該竭盡全力。如果必須和他人競爭，絕對不要害怕，更應該投身其中。如果只抱持著「反正不行」、「保護自己，不要受傷」等態度，那就什麼都無法成就。

即使不能成為第一名，也要將自己可能性發揮到極致，因為還有無限的領土需要征服。

合適的對手能夠鍛鍊我

我幾乎和當代最強的職業棋士都交鋒過。雖然有許多超強的棋士，但要說有勝負欲和強烈鬥志的，我總是最先想到徐奉洙九段。徐九段在接受報紙的採訪時說：「曹薰鉉是我圍棋的恩人。」這句話令我既惶恐又感謝。

第一次見到徐奉洙是我從日本回來後，即將入伍前。我倆在棋院見面，因為同齡，很快變得親近起來。當時徐奉洙雖僅二段，但已戰勝巨木趙南哲[19]先生成為名人[20]。在他登場之前，韓國圍棋是趙南哲先生和金寅前輩的兩強格局，

19 韓國棋院的創始人，也是韓國現代圍棋奠基者。

突然出現一個怪物般的十九歲少年，推翻了當時的局面。與此相較，我因為剛回國，連韓語都說不熟練，遑論知道韓國圍棋界是怎麼回事。徐奉洙先來到我這個連話都說不出來、只是低著頭的人身邊，請我跟他賭棋，從此開始了我們之間的緣分。

我們比了很多盤，賭注是炸醬麵。下著圍棋，徐奉洙的性格完全顯露無遺。他是天生的戰士，像游擊隊一樣下棋，沒有任何框架和形式，願意為了勝利無所不用其極。哪有這樣的圍棋？這樣的圍棋居然贏過趙南哲先生？雖然有些驚慌，但也覺得很新鮮。在日本，我只下過循規蹈矩的圍棋，回韓國後，似乎在泥淖中糾纏戰鬥，感覺非常刺激，就像脫掉拳擊手套拳拳到肉那樣。

徐奉洙的圍棋之所以魯莽，與他的背景有很大關係。他不像我，很早就在教練的指導下正式拜師學藝。十五歲時，他瞞著父親開始偷偷學棋，在社區的棋院賭棋，徹底自學成才。他沒有讀過定式教材或有名的對局棋譜，只是拚命閱讀《圍棋》月刊，在十七歲時入段，十九歲成為名人。他具有極高的天賦以及頑強的鬥志。

短暫親近相處之後，我入伍了，徐奉洙繼續爭奪冠軍頭銜。我們再次交鋒是約一年多之後，一九七四年第六屆名人戰上，他是衛冕者，我是挑戰者。這次不再是賭炸醬麵，而是爭奪決賽的王冠。那年我以三比一輸給他，對我而言，這是一次巨大的衝擊：徐奉洙不再是那個跟我賭炸醬麵的朋友了，我也可以推測出他徹頭徹尾準備了多少日子。當天的失利刺激了我，不久後，我在國棋戰中再次和他遭遇，我一雪前恥。後來在一九七六年的王位戰中也戰勝了他，並在一九七八年搶走了等於是他代稱的名人頭銜。

也許徐奉洙和我開始逐漸疏遠就是從這個時候。一般圍棋棋手在比賽結束後，無論是多麼氣憤和委屈，都會隱藏自己的情緒，一邊對話一邊覆盤。但是我們倆不知是誰先開始的，都沒有覆盤。一旦發生這種事，我跟他對決後就再

20 這是指曾由韓國日報社主辦的圍棋賽名人戰的冠軍，目前由SG集團贊助名人戰。

也沒有覆過盤了。

我們私底下相處的機會也愈來愈少。我在的場合他不會去，他在的場合我也不會到；偶爾參加同一個活動，彼此都很不舒服，甚至其中一個人會先離開。當時經由媒體聽到的徐奉洙發言也讓我不舒服，當他被問及我們的關係時，他回答道：「接近真相的字眼包括復仇、憎惡、攻擊、挑戰、鬥爭等。」他還留下「向著對方熊熊燃燒敵意將鞏固必勝意志」這樣的話。我在棋盤上也能完全感受到他的這種敵意，就像個持刀撲來的刺客。因為不知道刀會從哪裡飛來，我的棋路也不得不跟著兇狠起來；有時明知勝利已到手，為了使對方感到更切實的失敗，我還故意下重手。

然而感受到徐奉洙的狠勁是那之後的事。他不知何謂放棄。當其他棋手漸漸習慣了輸給我，只有徐奉洙沒有。他愈輸就愈不要命地直撲上來，當時我的勝率接近百分之九十，甚至有人說我「只要一下棋就贏」，但輸的情況大部分都是和徐奉洙的對局。要說除了徐奉洙，沒有人能贏過我也不誇張。

「決不因失敗的痛楚而鈍化的戰鬥精神」，我後來才知道，從某種意義上，這比一直贏還要困難。無數次遭受無法恢復的致命傷，卻仍然繼續投身戰場，這是非常了不起的氣概。從後來的採訪內容，可以看出他是多麼執著於勝負的人。他在該採訪中說，年輕的時候連酒都不太會喝，卻在沒有下酒菜的情況下，灌下一整瓶燒酒，因為實在受不了失敗。另外，他還將逐漸熟悉失敗的心境比喻為反覆進行的解剖學實習，習慣在人體上動手術刀的醫生心境。他曾說，與我的爭戰是無數次面臨死亡的經歷。但是在其他採訪中，他又說曾多次傷害他的我，既是畢生的恩人，也是他的老師。

他就是這樣，在傷痛和失敗中成長。他之所以能夠變得如此強大，可能是因為失敗的痛苦令他憤怒，為了克服而努力不懈。他真的是非常不要命的參賽者，憑藉這種狠勁，他繼我之後在一九九三年應氏盃上奪冠，一九九七年在第五屆真露盃（今農心辛拉麵盃）上獨自取得九連勝，創造了奇蹟般的紀錄。真露盃是韓、中、日三國選手以接力形式輪流和對手國家進行的國家對抗賽，獲勝了就繼續比下去，輸了就輪下一位選手上場。作為第二位出場選手的徐奉洙，接連戰勝了中國和日本的其餘九名選手，包括我在內一同出戰的劉昌赫、李昌鎬等選手，沒有下過一子，就獲得了冠軍獎盃。

此刻我也必須坦承，自己從徐奉洙名人那裡學到很多東西。所謂「曹—徐時代」[21]這段戲劇性、波瀾壯闊的歷史，正因為有他才得以實現。我從徐奉洙這個非常特別的人身上，學到了對勝負的執著和永不放棄的韌性。就像因為有我，他的氣概才能化作可怕的勝負意志一般，因為有他，我的刀鋒才沒有變鈍。

徐奉洙九段的人生如實地反映出韌性對勝者的重要性。他自承不善背棋，而且有計算緩慢的評語；他未曾接受過正式的圍棋教育，也沒有學過精湛的技巧，儘管如此，他還是以無論怎麼遭踩踏都堅持下去的雜草韌性威脅著我、統治世界。令人惋惜的是，最近崛起的新銳棋手，如果不僅具備技巧，還具備徐名人的韌性，那就不會畏懼中國圍棋了。

在漫長的歲月之後，現在我們互相認可，在遠處為對方加油，但仍然不會湊在一起，賽場上碰見了也會裝作沒看見。雖然不再有惡意，我們之間畢竟有著無法挽回的一段歷史；因為很清楚彼此是不同的人，所以我認為保持距離是較為明智的做法。

同齡的我們到了七十多歲的今天仍然是現役棋士，即使是現在，我們也不願意輸給對方。

21 這是指韓國圍棋界對於曹薰鉉一枝獨秀後，徐奉洙舉起反對旗幟的時期。

要想勝利，就要開拓屬於自己的「流」

我收昌鎬為弟子時，並不確定這孩子會成為世界級的棋手。在我眼裡，昌鎬倒像是雞肋：儘管實力很強，但沒有表現出天才的一面。外貌普通、語言遲鈍，甚至對覆盤剛下完的圍棋也表現得很生疏。可是他給我一種不能放棄的奇異感，在這種莫名的感覺下，我決定接受昌鎬。

跟他一起生活後發現，昌鎬和我是完全不同的「流」。與我追求快速、敏捷、多少有些攻擊性的棋風相比，昌鎬的棋雖然緩慢，但更厚重。這也與他誠懇溫和的性格有關。他在我家生活的六年期間從未大聲喧譁，不惹任何麻煩，只是默默專心地下棋。他的圍棋以徹底的計算為基礎，就像是儉約度日那樣。

有次在覆盤昌鎬的對局時，我發現他雖然有更好的棋路，但並沒有落子，而是選擇了安全的進程。我問他為什麼沒有下該棋路。

「雖然對方很強，存在被逆轉勝的危險，但如果走我選擇的路，百分之百能贏，即使是只贏半目。」

類似的情況一再反覆。有一天覆盤時，我發現昌鎬的棋路好像太過鬱悶，於是說了他一句：

「那條路也不錯，但這條路是不是更簡明？」

昌鎬沒有回答，表情就是不想放棄自己的判斷。如果是一般的老師和學生，可能會愈來愈像，然而昌鎬和我從骨子裡就不同。我機靈，他緩慢；我進攻，他避險。我冒險，昌鎬安步當車。

正是這種「不同」對我造成了很大的威脅。一九八八年第二十八屆最高位賽，李昌鎬依次擊敗許多高手，坐到了我面前。這是韓國圍棋界第一次的師徒對決，這場我儘管成功衛冕，仍輸給昌鎬一局。在正式對局中輸給昌鎬還是第一次，而且竟然僅相差半目。半目，這在棋盤上根本看不出來，因為棋盤上只有一目、二目、三目，沒有半目，但是仍以半目之差輸掉或贏得比賽的理由是讓子。在圍棋比賽中，認為先下棋，執黑子的一方更有利，所以會還執白子的一方六目半。計算後，如果一方以半目之差獲勝，這就稱為半目勝。

正因為第一次戰勝我的對局是半目勝，很多人都說是昌鎬運氣好，所以贏了，誰也不相信十四歲男孩竟然計算到半目來經營對局。但我知道，因為我比任何人都瞭解昌鎬，知道這並不是偶然。問題在於我自己，我真的準備好對抗百分之百哪怕是半目也能獲勝的昌鎬圍棋了嗎？不久後，我的答案終於獲得確認：一九八九年國手戰也在前期再次與昌鎬遭遇，這次我也以三比一獲勝，但被昌鎬贏走的一局依舊是半目之差。此後在一九九〇年首次被昌鎬奪走冠軍頭銜的最高位戰上，雖然以二比二展開了激烈的攻防，在第五局中以半目之差輸給了昌鎬。

此後，我和昌鎬在決賽中也多次對局，每到關鍵時刻都會重演半目敗。昌鎬和我對局的總戰績是一百九十四勝一百一十九負，昌鎬領先。其中，我的半目勝有五次，而昌鎬的半目勝則有二十次。半目勝可說是我的致命弱點，而昌鎬發現了。昌鎬默默地走上與老師不同的道路，自己領悟到足以超越老師的方法。

昌鎬為了贏我而研究我。他仔細分析了我的棋譜，集中探究如何才能獲勝、漏洞在哪裡。在李昌鎬出現之前，圍棋上能贏過我的人並不多，而昌鎬以厚實的行棋方法和類似超級電腦的計算能力攻進我的弱點。我沒來得及計算的、正好半目的空隙，昌鎬都沒有放過。

這不是實力的差距。雖然不能否認，在勝負的世界中獲勝者是強者，但在圍棋中，存在著僅憑實力無法表現出來的東西。這是新「流」之爭。我的「流」和李昌鎬的「流」太不相同；不，李昌鎬的「流」是從未見過的「流」。領悟圍棋這一真理有很多種途徑，昌鎬和我選擇了完全不同的道路。因此，不僅是其他棋士，連我自己都沒有意識到的弱點，只有昌鎬能看到。

當然，昌鎬也有漏洞，後來李世乭出現並深入瞭解了這點。圍棋的歷史就是這樣進步的。擁有與我完全不同「流」的李昌鎬戰勝了我，擁有與李昌鎬完全不同「流」的李世乭戰勝了李昌鎬。李世乭被朴廷桓的「流」擊敗，朴廷桓被申真諝的「流」擊敗，現在必須出現另一個擁有新「流」的人，才能打敗申真諝。

所謂新的「流」就是獲勝的「流」。必須透過不斷地研究和分析對方才有以誕生。可以說是到目前為止，任誰也沒有想到的創意「流」。

在世界運轉的規律中，我也經常目睹這種法則。政治領導人會因為具有新政治哲學的人物而放棄權力。企業家如果不能適應變化和革新，以及新時代的要求，轉瞬間就會遭淘汰。公司對職員要求的才能和品德也會隨著時代的變化而改變，如果說過去要求勤勞和忠誠，那麼曾有一段時間要求英語實力和資歷，現在又變了，要求圓滿的品格和創意。不知道未來還會需求哪樣的人才。

家庭也是如此。時代會要求新的父母樣貌。夫妻之間、父母和子女之間也會出現新的潮流，帶來關係的變化，因此要順應時代。家父長制的父親應該放下權威，要求孩子順從的母親也應該努力成為像朋友一樣的母親。

為了成功而努力的人，應該回頭審視自己擁有什麼樣的「流」，會不會是任何人都擁有的陳舊品？是不是沒有人擁有的、新穎而富有創意的「流」？擁有與眾不同的「流」是最大的競爭力。究竟即將到來的「流」是什麼？那個「流」已經開始，能夠妥善體會並準備的人才能主導未來。

面對戰鬥的禮儀

一九八六年新年伊始，圍棋迷們目睹了史無前例的奇異場面：在日本棋聖戰決賽中，趙治勳坐在輪椅上亮相。

趙治勳從日本千葉的住宅開車出來，在住家附近與某青年騎的摩托車發生擦撞。他下車處理時，後面一輛汽車突然開過來，撞上趙治勳後逃逸。情況非常嚴重，他的右腿脛骨骨折，向外穿出，左膝韌帶斷裂，左手腕骨折。頭部也有外傷，但幸好CT拍攝結果顯示大腦沒有異常。

圍棋界鬧得沸沸揚揚。不到一週後就是棋聖戰，衛冕者接受了長達十五個小時的大手術，全身打著石膏躺著，這該如何是好。不知道該舉行比賽還是該延期，但趙治勳表示自己要參加。

「頭和右手完好無損，就是天意要我出賽。如果可以，我會立刻下圍棋。」

就這樣，趙治勳坐著輪椅出現在對局場上。他身穿病服，左腿打著石膏，膝蓋上蓋著毯子。雖然身體明顯不舒服，進行對局的意志倒非常堅定。

他第一局輸了。用這種身體去戰鬥真是太勉强了。在大家陷入這種想法時，他痛快地贏了第二局和第三局。尤其是在第二局中，他創造了圍棋史上永垂不朽的優秀棋譜。人們震驚不已：這真的是必須接受三個月治療的重傷者下的棋嗎？

從結果看，當時的棋聖戰趙治勳以二比四衛冕失敗，因此一度同時擁有棋聖、名人、本因坊三大頭銜的日本圍棋皇帝成了無冕王。即便如此，沒有人認為趙治勳是敗者，因為他展現的輪椅鬥志就足以讓人感動。而除了趙治勳，還有一位也讓人感動，那就是他的對手小林光一，那個在應氏盃八强戰上令我深陷地獄的人。

趙治勳和小林光一在日本圍棋史上被稱為永遠的宿敵。兩人是同一時期在木谷實[22]門下修習的朋友，還一起參加了藤澤研究會，一同度過了幼年時期。我在日本留學時，也經常在藤澤研究會上與他們兩人來往。

兩人中首先嶄露頭角的是趙治勳。他在二十四歲時擊敗大竹英雄九段成為名人，此後一路上升成為「大三冠」[23]。他在巔峰處等待小林光一，因為小林是他從小最害怕的人，也是世界上最努力的棋士。趙治勳曾說「每天都在努力的人最可怕」，指的就是小林光一。

時候終於到了。一九八五年，小林戰勝了知名的優秀棋手，成為名人戰挑戰者。起初，趙治勳一直處於劣勢，苦苦追趕，成功來到第七局，但最終以四比三敗給了小林。從那時起，小林開始正式威脅趙治勳的地位。趙治勳的頭銜逐一失去，只守住了棋聖。與此相反，小林則合併了十段、名人和天元，成為三冠王，最終在一九八六年作為挑戰者，挑戰趙治勳最後守住的棋聖戰。

在獨木橋上遇到畢生的宿敵，如果看到對方全身纏著繃帶坐在輪椅上，心情會如何呢？一般人應該不會想在那種情況下對局，因為即使贏了也不光彩，輸了還留下傷痛。但是小林在探望趙治勳時，接受了他如期展開對局的願望，並且也毫不猶豫地呈現出最好的比賽。

兩人當時的心情究竟如何，可以從之後出版的回憶錄和各種採訪中得知。小林如是說：

「趙治勳雖然坐在輪椅上，但比平時還強，那是他希望能平等對戰的表示。」

小林不認為趙治勳是傷患，反而認為他是強大的競爭對手，所以沒有表現出同情。因為趙治勳的頑強，小林也做出相應的強烈對抗。趙治勳則說：

「輪椅對局的犧牲者不是我，而是小林。與受傷的人對戰應該很困難，但是

---

22 木谷實開設的圍棋道場，與瀨越道場一度被稱為日本圍棋教育的兩大山頭。

23 同時保有棋聖、名人、本因坊等日本三大棋戰頭銜的人。

他以透澈的勝負意志面對我，能這樣做的人應該不多。」

趙治勳還說：

「我那時確實很強。我以為自己能贏，但我輸了，那正是我的極限，絲毫沒想過是因為發生交通事故才會落敗。」

不是強者勝，而是勝者強。我認為坐在輪椅上面臨對局的趙治勳，以及接受這一對局的小林都很帥氣。兩人的對決場面從表面上看，似乎對一方不利，但實際上並非如此。只是兩人拚全力爭戰，而其中一人獲勝罷了。

強者絕不會辯解，努力過的人即使輸了也理直氣壯。如果我輸了，那是因為我的實力不夠。只要承認這一點，更加努力就可以了。

我認為高手應該具備的最重要對戰禮儀是全力以赴。比賽還沒結束就提前放棄，或因為對手弱而輕率地戰鬥，這不是鬥士的姿態，反而是對對手的輕視。若此，對方即使贏了也不會高興。我反而會更感謝對方承認我是強大的競爭者，並盡全力擊敗我。

近年來，韓國體育界很多領域都出現操縱輸贏、串通舞弊、判定不公等問題。繼足球、排球之後，羽球和摔跤也陷入了困境。我認為這個問題不單純是體育界人士的人品問題，而是因為外部壓力和金錢的誘惑，還有如果組織決定、選手就只能服從的文化等綜合原因所致。這個問題是反映韓國社會現狀的一面鏡子。

我也是個體育選手，所以在每場對局都全力以赴。雖然年紀大了，失誤也隨之增多，但絕對不會馬馬虎虎地對局，那是對於圍棋的不禮貌。

在二〇〇一年三星車險盃決賽中，我贏了中國圍棋第一人常昊。獲得冠軍時，中國記者曾表示過不滿，抱怨說現在也該輪到中國隊獲勝了，但上了年紀的我總是擋在中國棋手前方。

有一位記者說道：

「你不是享盡榮譽和財富了嗎？希望你能為中國的後進開闢一條道路。」

我在短暫思考之後回答：

「我認為，如果真正要為中國圍棋和中國後輩棋手們著想，那麼每次遭遇時都應該全力以赴。」

我的回答讓中國記者們閉上嘴巴，因為他們也知道什麼是真正的運動精神。

無論何時都要有勝者的氣魄

在棋盤前方，除了兩名對局者，沒有人知道他們之間展開只屬於他們的較量。這和棋力無關，純粹是精神上的爭戰。

比方有時候我做出挑釁，對方則沒有自信承接，流露逃避或猶豫不決之感。雖然不是說一定要應對挑釁，但是安步當車與逃避存在氣勢上的明顯差異。前者的情況可以感覺到自信、氣魄、氣勢，後者就是焦慮、寒酸，甚至卑屈了。如果能感受到這種差異，等於已經決定了勝負，因為即使是實力再強的圍棋棋手，如果心理上先萎縮了，自然無法正常展開比賽。

無論如何，勝負的首要條件就是氣魄。表情、姿勢、行動都要自信滿滿。遇到再厲害的對手也不能洩氣，被對方發現自己在畏懼的瞬間，對方的氣勢就會更加高漲。

這非常不可思議，氣勢這種肉眼看不見、手摸不著，但感覺上確實存在的東西。對方是充滿自信，還是內心不安，是大膽還是小心謹慎，可以立刻傳達給另一方；更不可思議的是，氣勢愈弱則整體表現就愈差，愈強則表現愈好。正如同遇到上升的氣流就會變得更強的龍捲風一樣，愈有自信就會愈強大。

此外，氣勢會相互影響。愈是感受到充滿自信的氣勢，不安的情緒愈會惡化。相反地，自信滿滿的氣勢在吞噬不安情緒的同時會變得更加強大。總而言之，自己愈是不安，對方就愈強大。所以在決戰的瞬間，以怯懦的心態走上賽場總是會招來失敗。想挑戰就挑戰吧！你雖然很了不起，我也不差！好，就讓我們較量吧！一定要有這樣的氣魄。

我之所以能在應氏盃中獲勝，可能是因為有這樣的氣魄。事實上，我並不是真的有自信能贏。參賽者沒有一個是弱者，但我相信只要沒有失誤、充分發揮自己的實力，就沒有贏不了的對手。就像對方下自己的棋一樣，我也下自己的棋，不就行了嗎？

這種想法在與小林光一進行八強賽後變得更加強烈。小林在幾個月前的富士通盃上，曾帶給我第一輪就慘遭淘汰的痛苦。當時包括我在內，三名韓國棋手都在第一輪比賽中遭淘汰，因此記憶格外深刻。當時，所有媒體都認為韓國圍棋還差得遠，但我反而在富士通盃後得到了值得一戰的結論。日本圍棋和韓國圍棋雖然有水準差距，可是沒有達到壓倒性的程度，我和其他棋手們只要在中盤沒有荒唐的失誤和計算錯誤，就能堅持更長一些，甚至有可能獲勝。我認為也許我們需要的就是更多經驗和自信。因此在應氏盃再次遭遇小林時，我決定相信我自己的圍棋。我認為只要不緊張、集中精力，完全可以展開對等的比賽。

與小林的對局難分軒輊，現在想起來都覺得頭疼得要炸開；但我相信自己，堅持住那些緊張的瞬間。儘管在中盤出現一次錯誤，陷入了不得不放棄勝負的境地，我相信會有更大的機會，於是執著地堅持下來。當時抱著已經沒什麼可失去的想法，果斷地展開攻擊。不知道是不是被我的氣魄嚇到，我感覺小林開始畏縮、退卻。

棋盤被填滿，數目結束時，大家都不敢相信自己的眼睛。明明是我必輸的賽局，但以應氏規則[24]計算後，我反而以三點勝，於是我將通往準決賽道路上的最大障礙小林剔除了。他本來就是強大的對手，所以我獲勝後的喜悅也很大，同時增加了自信。

倚仗這個氣勢，我在準決賽中遇到了「二枚腰」林海峰。林海峰的堅定信念和頑強鬥志，經常在終盤時刻發揮關鍵影響，就算是面對最強勁的對手，自己被逼得棋困局危，求勝決心也絲毫不減。他的棋風雖然緩慢而遲鈍，但被評價為慎重而深厚，這必定是一場不會輕易出現失誤的縝密棋局。我這次又猛撲上去，因為知道拖得愈長愈難取勝，所以從一開始就想按照我的方式進行。誰說他的棋風遲鈍？真打起來，他瞬間成為比任何人都殘酷的冷血劍客。一旦被刀子深深刺傷，精神就會變得恍惚，那怕表面上看起來很祥和，實際卻是一場血跡斑斑的殘忍勝負。這是一場鬥智鬥勇的棋局！無論是誰，高度集中精神的人就將成為勝利者！

我努力不在他的任何攻擊下動搖，也發動了所能想到最殘酷的攻勢。終於在計點結束時，確認了我以五空獲勝。在決賽遇到聶衛平之前，先後戰勝小林和林海峰，對我而言是莫大的收穫，長時間飽受日本圍棋困擾的自卑感完全消失。

是的，圍棋就只是圍棋而已。日本圍棋、中國圍棋、韓國圍棋等區分在實戰中毫無意義。圍棋棋手只是各自盡情發揮自己的知識、經驗和創意，下著屬於自己的圍棋而已。

---

24 僅適用於應氏盃的圍棋規則。

以這種心態，我始終抓住重心，走我自己的路。在與聶衛平的決賽中，雖然贏了第一局之後連輸兩局，心態也沒有什麼改變。還剩兩局，只要集中精神，完全可以獲勝。或許聶衛平也感受到了我的這種氣勢。可能有人會好奇，輸了兩局怎麼還能那麼淡定？在擊敗日本全部菁英圍棋棋手的皇帝面前，一個位於邊陲的無名棋手，怎能不感到畏縮？面對我毫不退讓的氣勢，聶衛平可能很驚訝，而且被一定要贏的負擔壓迫著，最終陷入了守勢，最後不得不投子稱降。這不是實力的差異，相較之下，我認為氣魄和自信的差異、戰勝壓力的膽量和集中力，影響更大。

圍棋中雖然很少呈現出這些部分，但在其他運動項目上卻很明顯。觀戰過程中，觀眾能清楚看出哪一方氣勢低落、哪一方氣勢洶洶。如果一方氣勢洶洶，另一方必定開始退縮，比賽結果自然顯而易見。因此運動選手們經常會做出炫耀自己氣魄的誇張行為：格鬥選手們在拳擊場上瞪眼鼓勁、對著虛空揮拳，都是為了嚇唬對方。在網球或桌球比賽中，選手們發球時會發出怪聲也是一樣道理；為什麼要這麼做？因為愈是展現自信，自己的氣勢就會愈強。

在日常生活中，每一瞬間都要以充滿自信的態度行動，尤其是要一決勝負的日子，就應該有意識地挺起胸膛、昂首闊步。只要單純地改變表情和姿勢，瞬間就能改變氣勢，很不可思議。自信來自堅實的背景、堅強的實力、帥氣的外貌，但也是一種自愛、自我催眠：我也能做到、我沒什麼做不到的。和那個人相比，我毫不遜色。要抱著這種想法，無數次地催眠自己，如果有必要，就該穿上最好的衣服，打扮得帥氣十足。我偶爾也會穿上子女們送的筆挺白色襯衫或打上顏色漂亮的領帶，不知不覺就會感到肩膀挺直，腳步也會更有力，自信可以這麼簡單地從百貨公司購買到。

要想擁有自信，首先要創造更多培養自信的機會。挑戰各種考試和測試、無數次面試、當眾發表、挑戰陌生的事物、完成更難的工作等。只有重覆這樣的經驗，才能變得更加熟練、聰明。剛開始經常犯錯、挨罵，會覺得自己愚蠢，像是往無底洞裡倒水一樣，愈是這樣，自信心愈會下降；但只有重覆這樣的經驗，才能獲得爭取自信心的機會，即取得成就的機會。為了獲勝，首先要輸無數次。只有不怕輸的人才能擁有自信。

所以，無論在什麼情況下、在任何對手面前都不能畏縮。肩膀挺直，高喊「啊哈！」振作起來，然後打開門堂堂正正地走進去。

四段

培養預判棋局的能力

正面看待「此時、此地」

當我結束九年的日本留學生活回到韓國時，遇到最大的障礙是語言問題。在這段期間，我幾乎忘記了所有韓語。當時我記得「媽媽」和「爸爸」，但想不起「姊姊」和「弟弟」。想起「水」這個字也花了很長時間。

幸好父親和母親會說日語，在家裡沒有太大的不便，問題是去外面的時候。棋院的前輩和同事們，用神奇的眼神看著連簡單單詞都聽不懂的我，其中還有人說要教我韓語，卻教我一些討人厭的話害我出糗。人們聽到我的話後哄堂大笑，我也因此受傷，漸漸地不再說話，表情也陰沉起來。本來我愛笑、喜歡與人相處，但回到韓國後變得內向。當我翻看留學時期的相簿，有很多燦爛笑容的照片，返回韓國後則很難找到我笑著的影像。

令我混亂的不只是語言，棋院的氣氛也與日本截然不同。在日本棋院，主要是與同齡棋手們一起研究和討論，但在這裡必須無條件下場實戰。無論是誰，只要看到棋院的棋手，就會二話不說坐下來，展開炸醬麵賭注圍棋。在日本，棋手之間不太下賭棋，但在韓國，賭棋形成了非常自然的文化。那一年我每天都去棋院，也參加了比賽，卻仍無法定下心來，下棋的成績也很普通。入伍在即也確有影響，根本問題還是突然掉進了完全不同的世界。

在日本，圍棋是徹頭徹尾的「道」。在圍棋面前，人們莊嚴地持守禮儀，那怕只是在棋院與隊友比賽快棋。在棋盤前，沒有人因為我年紀小，就把我當成孩子或貶低我，而且我是「偉大的」瀨越憲作的弟子，也得到相應的待遇。老師家裡經常有對圍棋造詣很深的政治家、高階公務員、企業家等前來拜訪，他們每次請我下棋時都會跪下低頭：

「曹老師，請您教我一手。」

頭髮花白的老人跪在我面前，絕對不會讓我感到得意或傲慢。他們嚴肅認真的態度反而讓我更加謙虛，「禮」就是這樣的，禮遇對方，互相謙遜。

習慣了這種氣氛，韓國本身在我看來就是一片混亂。無論到哪裡都要問年齡，如果回答十九歲，就會立即被當作孩子對待。我必須區分應該叫哥哥、前輩，還是叫老師。偶爾一些有錢、有背景的人來棋院，會大聲叫我：

「喂！小曹，過來跟我下盤棋！」

我在精神上很混亂。這裡和我熟悉的世界完全不同，不知從何適應起。對於無法定下心來的我，金寅前輩幫了很多忙。金寅九段和我一樣是全羅道出身，而且比我更早在日本木谷實門下留學了兩年左右，所以即使我沒說，他也知道我為什麼感到痛苦。

金寅前輩從日本留學歸來後，立即擊敗國手趙南哲，開啓了韓國圍棋的新時代。熱愛飲酒，書法水準也很高的金前輩認為圍棋是種藝術。他像藝術家一樣，如果在對局中對自己的下法不滿意，他會毫不猶豫地投子稱降。他帶我去酒館、山上，對無法適應韓國氣氛而彷徨的我講了很多事情：

「日本圍棋重視道和禮節，韓國圍棋實際上只是戰場，但沒有哪一方是錯的，只是彼此不同而已。如果說你在日本的時候是下日本式圍棋，那麼既然回來韓國，下韓國式圍棋就可以了。」

他還說如果想在不毛之地的韓國快速發展圍棋，也許通過這樣的階段才是捷徑。

前輩說得一點沒錯。大約十多年後，韓國圍棋躋身世界之巔，日本圍棋則開始慢慢走下坡。在日本過於執著於形式的同時，韓國圍棋構築了優秀的競爭體系，實現了飛躍的進展。

聽了前輩的話之後，我決定不再拒絕那些想和我下一盤棋的人。仔細想想，正如金寅前輩所說，沒有任何事是錯的。韓國的文化就是會尊稱提早出生的人一聲哥哥，那怕只是年長幾個月，見面就確認年齡也很正常。此外，即便我在瀨越門下修學，在韓國仍是個十九歲的少年。頑強拚搏的炸醬麵賭棋也是非常好的實戰感訓練。

我離開日本時，非常疼愛我的藤澤秀行老師惋惜地說：「薰鉉要腐朽在泥淖裡了。」對於我將離開擁有最高圍棋環境的日本，回到無異於不毛之地的韓國，他生出了惻隱之心。然而那滿是獵犬的險峻原野，竟成了鍛鍊我的最佳環境。過了很久，在我獲得應氏盃冠軍時，藤澤老師比任何人都高興，也從那以後成為韓國圍棋的狂熱粉絲。

人們茫然地認為，如果對現實感到不滿，去別的地方會更好。可是我領悟到，現在這裡、這個瞬間，就是最好的環境。如果不滿地責怪環境，什麼都不會改變。但如果認為現在這裡是最好的位置，為了夢想而努力，就會開始發生變化。

圍棋教導我，此地、此刻才是最重要的。下圍棋時，要摒棄一切雜念，專心於棋盤上。我們的生活也是如此，現在這個位置是最好的位置，現在這個瞬間是不再有的寶貴時間。所有夢想的開始都是「現在，這裡」。

這一局尚未結束

韓國圍棋格言中有「盤外八目」的說法，意思是觀棋的人能比對局的人多看到往後八目的走向，比喻不安和欲望令人無法認清局勢。

下圍棋的人實際上常有這種經驗：盯著眼前的棋盤，覺得自己位於下風，但拉遠了看，反倒是自己占優勢。後來覆盤時，才扼腕自己沒有發現。

人生也是如此。每個人都認為自己的苦難最深重，只覺得自己不幸。其他人遇到好父母，生活得這麼舒服，為何只有我一個人辛苦？別人長得帥，身材又好，我為什麼會生來這麼醜？別人很會說話，社交能力也很好，我為什麼會這樣呢？別人到了那個年紀，有房有車，為什麼我這麼貧窮……

但是在遠處看著你的人，也許反而是這樣想的：那個人真好啊，工作不錯，還有女朋友，長得也不錯，各方面都比我強。真羨慕……

世界正是如此，看起來似乎不公平，但相對來說都一樣。無論是誰，都為自己的不足而遺憾，也總是羨慕他人。讓這種羨慕超越單純的嫉妒，進而轉化為野心和成就的人並不多。大部分人只會抱怨，少數有勇氣的人會跨越過這道牆，爬得更高，亦即不再需要羨慕任何人，堂堂正止地活著。

我周圍有很多這樣的人，其中最波瀾壯闊的就是車敏洙。以電視劇《All In》的真實人物而家喻戶曉，車敏洙是我從日本回國後在棋院認識的朋友。和我這個因語言生疏而認生、害羞的傢伙不同，他的外貌非常帥氣，是個對誰都愛搭話、愛笑的帥氣青年。當時他雖然還沒有入段，但作為業餘強者，他早已名聲大噪，足以威脅職業選手。在永登浦棋院，沒有一個職業棋士不曾敗在他手下。

我們熟識是在軍隊重逢的時候。從日本回國後一直在等待陸軍徵召，我因為不能再拖延時間，自願加入了空軍，起初在城南機場服役，後來調到大方洞空軍大學的教授部，車敏洙當時在那裡的PX[25]服役。

車敏洙在軍官之間已惡名昭彰，入段不過幾個月的傢伙打敗了所有軍官，老兵們下了一個特別命令，讓我教訓他。我就這樣被抽調為祕密武器，再次見到了車敏洙。那天我給他面子，以一子之差吞敗。他的實力確實高超，氣勢更加非凡，面對六段的我，他絲毫沒有膽怯。從那天起，我們只要見面就下圍棋。不久後，我以軍人的身分參加比賽，在軍隊與車敏洙的一百多盤超快棋對局給了我很大的幫助。

我以為車敏洙退伍後會馬上參加比賽，掀起旋風。他每一方面都很强，英俊的外表、富裕的家庭，再加上天生的才能：他不僅擅長圍棋，還是游泳、乒乓球等運動高手，甚至還會演奏鋼琴和小提琴。他非常聰明，不管是什麼，只要一開始學習，就會像海綿一樣吸收，像玩遊戲一樣征服。但不知道是不是圍棋的棋盤太小，無法開拓他的熱情，他一退伍就跌破所有人眼鏡，選擇移民美國，並在那裡實踐另一個夢想：成為職業賭徒。

在他傾注心血地努力之下，作為一個賭徒大獲成功，據說年收入一度接近四百萬美元，成就驚人。不過在那期間，他也經歷了很多波折。在他功成名就之際，我幾乎把所有頭銜都讓給了昌鎬，帶著輕鬆的心情去美國見他。他和妻子、孩子們幸福地生活在豪宅裡，仍然是我記憶中帥氣、充滿自信的樣子。

但在某個我們聊天的夜裡，他突然熱淚盈眶地談起第一次婚姻失敗後，付出全部財產作為精神賠償，還過著與孩子們無法經常相聚的日子。他兩手空空地回到韓國，在簡陋的旅館裡生活了近半年，過著底層人的生活。

「我沒想到人的身體裡有那麼多水分，哭了一整天，眼淚還是不停地流出來。」

25 譯注：軍隊裡的商店。

據說他回美國時，手裡只有十八美元。他用二十美元的賭注努力存錢，累積到一千六百美元時，他又跑回賭場，真正的勝負就從這個時候開始。他為了活下去投入博弈，逐漸找回希望；後來認識了現在的美麗妻子，並重拾生活的安定。

最近車敏洙榮膺第三十四任韓國棋院職業棋士會會長，還是做著賭場相關工作，可說是全方位的活動家。現在大家都羨慕他的成功，但很少有人能記得，在他登上現在的位置之前，經歷了多少的考驗。我曾問車敏洙是怎麼克服那麼艱難的時期，東山再起，他如此回答：

「仔細一想，其實當時並不是最糟糕的狀況。我雖然失去了一切，但身體還是很健康，有在賭場縱橫的本事，還有相信我的人；我覺得我可以重新振作起來。如果只在乎失敗，就會有想要自殺的衝動，然而退一步眺望我的處境，就覺得還有勝算，所以更加拚命地撲上前去。」

我當下就明白過來，因為和我當時的心態一模一樣。儘管失去了頭銜，但手指還能動，也沒有受到嚴重的腦損傷，反而因為已經沒有什麼可失去的，似乎能更放鬆地下圍棋。

人生本來就是如此，無論是完全擁有或完全失去也毫不奇怪。如果只是感嘆和絕望，勝負就到此為止。只要有繼續走下去的意志，勝負就還在未定之天。

車敏洙和我都未曾離開各自的領域，即便彼此不同——我是棋盤，他是賭局——即使滿身是傷，也決心繼續戰鬥，並逐漸克服，因為我們都熱愛各自所屬的世界。

我們都站在世界這個巨大的棋盤上，投子的瞬間，對局就結束了。但我們還有很多未及展現出來的可能性。有人或許會因為自己什麼都沒有而感到痛苦，但是在場外觀看的人卻可能不這麼想。我們還有八目，因此絕不能現在就停手，必須繼續走下去。

現實比夢想優先

在等待入伍的某一天，我為了去棋院向母親要車費，她露出一臉驚慌。

「你等一下。」

母親跑到隔壁借錢，大概是五百韓元左右。直到那時為止，我還沒能適應首爾的地理環境，所以一直坐計程車。我用母親從鄰居家借來的錢坐上計程車，心情很複雜。隨著時間流逝，這種奇怪的心情逐漸變成了責任感。

「我應該要自己賺錢。」

在那之前，我一直過著不知道錢是什麼的生活。事實上，雖然從小就很窮苦，但從未擔心過錢的問題。當然我知道父母親在市場賣菜，艱難地養家，可是當時大家都是吃不飽、掙扎求生的狀態，所以對貧窮也沒什麼概念。再加上有很多人支持，我才能順利地學習圍棋。

去日本留學也完全有賴贊助者的善意。機票由朝鮮日報社承擔，在日僑胞朴順祖和他兒子的朋友留學生金熙雲積極幫助我，為我找到學習的管道。

最大的支援者是瀨越憲作老師。雖然日本的入室弟子文化不收取學費，但實際上也有收取基本食宿費的情況，還有日後成功的話要求一定程度的回饋等，而瀨越憲作老師沒有提出那種要求。

「從今天開始，你就是我的學生。」

這一句話就是全部了。我們一起度過九年的漫長時光，老師沒有從我和我的父母那裡收取一分學費或酬勞，反而讓兒媳每月給我幾千日元的零用錢。

我在日本的生活沒有不足之處。與韓國相比，我住在更好的房子裡，食物多，物資也豐富，最重要的是不需要花錢，所以也沒有發生所謂貧窮的情況。

沒有經濟上的苦惱，生活得很舒服，直到二十歲都不知道貧困、賺錢糊口是什麼。回到韓國後，雖然對簡陋的房子和家人寒酸的服裝感到驚訝，但總覺得這只不過是日本和韓國的差距而已。最後是因為母親沒有可給兒子的車費而到處借錢的模樣，令我幡然醒悟。

「我們家真的很窮啊，我必須賺錢貼補家用。」

知道要賺錢糊口之後，人就會懂事，並長大成人，這句話一點也沒錯。就在那一瞬間，我明白了圍棋是我的職業，應該用它來賺錢的事實。

幾個月後機會來了。在入伍之前，我參加了《釜山日報》主辦的最高級別比賽，並獲得了冠軍。在贏得人生第一個冠軍頭銜的同時，還賺了三十萬韓元的獎金。這在當時是很大一筆錢，我把錢全部給了母親。剛好妹妹考上美術學院，學費和美術用具都是一筆開銷，也因此幫了家人很多忙。也許父母在辛苦中，第一次感受到讓小兒子學習圍棋的回報。

從那以後，我一刻也沒有忘記過，為了維持生計要下圍棋的事實。當我想到為我犧牲奉獻的父母和兄弟們，我也必須賺錢。這種責任感在結婚和孩子們出生後變得更巨大。

我努力下圍棋，在積累每一個頭銜的同時，我家的情況也逐漸好轉。結婚時，父母可以賣掉生活了二十年的舊式韓屋，搬到禾谷洞的洋房；在收昌鎬為弟子、老二出生時，也才可以搬到延禧洞的二層樓洋房。隨著孩子們長大，學費和書籍費增加，督促我努力下棋的動機更加強烈。家長應該都能理解我這種心情，即使累得想躺在地上，只要一想到孩子們，就會一下子打起精神，想到得讓我的孩子好好吃飯、上大學，就算原本想放棄也突然就生出力量。

所以在我淪落到沒有任何頭銜之後，才更努力地參加所有比賽，尤其是有豐厚獎金的國際大賽，會不知不覺地湧出要獲勝的意志。也許有人認為，曾經獲得過全冠王的人，對金錢能有什麼貪圖的欲望，但這是事實。金錢是強大的動力。刻苦努力後終於登上頂峰，如果代價微不足道，那又有什麼意義呢？尤其是在職業比賽的世界，奪冠當然應該用巨額的獎金向世人展示。

逢年過節，有時會在家裡看摔跤比賽。每當壯碩的選手在場上衝撞，我的手心總會不由自主地冒出汗來。摔跤選手渾身汗流浹背的堅持模樣，讓人聯想到對峙的公牛。只是每當看到如此艱難地成為天下壯士的人，舉著寫有一千萬韓元獎金的牌子繞場一周時，我經常會感到非常慚愧和抱歉。無論摔跤再怎麼落後於西方運動，但名義上也是我們的傳統競賽，難道只能享受這種待遇？

或許很多人也是這樣想。不知從何時開始，獎金上調到一億韓元，這才有了看摔跤的樂趣。看到天下壯士身穿黃金昆龍袍、戴著花環，高舉寫有一億韓元的牌子，我才能真心地報以熱烈掌聲。

應該經常向人們展示這樣的場面，唯有如此，喜愛摔跤的人口才會增加，人氣才會上升。最重要的是，夢想成為天下壯士的選手們看到這個場面後，一定會得到力量，「我也要努力獲得那個獎金」，這樣才能培育他們的夢想。

我並不認為每個人都應該為了賺錢而活。如果金錢成為人生的全部，那這個人生就太過虛無了。但如果懷揣著夢想，努力往更高處發展，那就是理所當然的事情。得到更好的待遇、更高的年薪，說明我的能力得到認可；用自己能力賺來的錢穿更好的衣服、住更好的房子，是多麼值得驕傲。如果能靠這些養家活口、讓孩子們學習、繳稅給國家，那就更完美了。

所有的勞動都是神聖的。就像我用圍棋勞動一樣，每個人都以各自的職業勞動維生。如果你和我一樣熱愛自己的職業並感到自豪，那就再好不過。即使沒有熱愛和自豪感也沒有關係，職業本身可能是一生的夢想，也有可能是自我實現的途徑，但職業最基本的意義就是維持生計。為了維持生計，任誰都必須擁有職業。無論從事什麼職業，僅憑這一點就足夠神聖的了。

很多人說，因為正在做的事情和想做的事情不同，所以很辛苦。但如果問他們「做自己想做的事情不就行了？」他們會回答說不知道那要怎麼生活，不得不放棄。我想對這些在夢想和現實之間徘徊的人說，更重要的是生計。先要鋪好溫飽之路，不管收入是五十萬韓元還是一百萬韓元，首先要做能維持生計的事，再想到實現夢想。生計如果受阻，夢想也將不復存在。雖然有人可能會覺得這種想法很鄙俗、寒酸，但這就是現實。我的父母親也是為了生計，過著窮困的日子，才能把我們撫養長大。

一九九九年母親生日那天，我為了參加春蘭盃決賽停留在中國。決賽對手是李昌鎬，當天是雙方各勝一局後展開較量的最後一局。那天我迫切地想贏。一年前我是國手戰挑戰者，時隔六年，從李昌鎬手中奪回國手王冠還不夠；當時比賽的冠軍獎金足足有十五萬美元，我想把這些錢帶給家人，讓他們知道爸爸還沒凋零。尤其是我想在猶如風中殘燭的母親生日當天，送上珍貴的禮物。

機會終於來了，石佛李昌鎬犯了一個小錯誤，我擠進那個空隙，將他勒緊。我們不做他想地堅持擴張領土的絕對使命，直到限制時間結束為止。對局結束，進行分數計算後，確認我以二目半獲勝。

頒獎典禮結束，我給家裡打了電話。當時我在國外參加比賽，通常不會往家裡打電話，但那天很奇怪，特別想打電話。

「媽媽，我得了春蘭盃冠軍。」

母親已經從棋院那裡聽到我奪冠的消息。她平靜地說：

「嗯，你太棒了，我的孩子，快回來吧！」

我懷著欣慰的心情回家，也許是因為那十五萬美元的獎金而更加快慰。

擁有初學者的心態和高手的視野

棋壇有個膾炙人口的故事：有十名九級選手圍坐在一起觀棋，反覆苦思如何能擺脫這場危機。但無論怎麼看，都找不到有效的辦法。過了一個小時之後，有個一級選手出現，探頭探腦地看了十秒左右說：

「咦，這個子這樣下不就行了？」

這就是在說「十個九級的棋手無論怎麼樣都看不到的步數，一個一級選手很快就能看到」。

圍棋中級數的差異就是如此。下級者怎麼看也找不出的進路，上級者很快就能看清。職業選手和業餘選手的差異也很相似：業餘選手無論怎麼看都無法參透的，職業選手一眼就能看出。究竟造成如此差異的是什麼？

簡單來看，可以說是對圍棋的理論、知識和技術的差異。但更根本的是解讀棋局的能力，級數愈高，正確解讀棋局的能力就愈強。

我們可以從戰場看到盱衡局勢的能力有多麼重要。李舜臣將軍在壬辰倭亂時，前後經歷過四十五場海戰，但一次也沒有敗過，也沒有損失一艘軍艦；在鳴梁海戰中，僅用十三艘船艦，以不成正比的戰力，殲滅了一百三十艘倭軍的船艦。怎麼會這樣？就是因為他憑藉洞察地形、地貌、天氣、敵人戰術等所有領域的能力，建構了完美的戰術。

將軍的英語是「general」，也是出於同樣的脈絡。「general」通常意為「一般的」、「大致上的」，還包括「綜合具備知識和思考」的意思。亦即如果是將軍程度的地位，就意味具備了一眼便能掌握情況發展的眼力，因此被稱為「general」。

這種思維適用於社會各處。政治家應該在增長和分配、擁有和匱乏之間找到平衡。做外交的人不能只糾結於與某一國家的枝微末節，應考慮世界局勢和東亞情況，以及與美國、中國等強國的關係，做出明智的判斷。此外，企業家不能單純地只瞭解商業，唯有掌握政治、經濟、社會、文化等整個世界的運轉情況，迅速應對，才能生存下來。

初學者缺乏這種能力，他們僅執著於棋子對殺或殺大龍等微小的部分，看不到整體。下過圍棋的人非常清楚十九條橫線、十九條直線的棋盤是多麼寬廣，真的有非常多變數，還有很多分割的區域，在某部分要發動激烈的進攻，另一部分則要拚命防守，還有其他部分要決斷是必須放棄棋子以謀日後，還是要死守到底。況且，雖然有些區域看起來是分開的，但最終一定會連接在一塊。成為高手是能領悟到這個連接紐帶，而且是自己能創造這個連接紐帶。棋盤上的每個棋子都有用處，因此必須立體地連接起來，做出正確的判斷。

這也可以說是領導能力。高手應成為自己棋子的領導者，懂得控制棋盤。

初學者之所以會驚慌失措，瞬間失去控制，是因為在管理整體危機方面缺乏判斷力和領導能力。圍棋新手很清楚自己有這樣的弱點，因此透過棋譜分析、理論背誦和實戰來彌補不足，為晉級而努力。他們深知最重要的是向上級者學習，學任何一招都是培養實力的最快方法。所以在圍棋的世界裡，上級者是不分年齡或是性別都必須要侍奉的前輩。亦即，下圍棋的人都很清楚，根據級別和段數應該要向誰彎腰低頭。

真實世界又是如何？在現實世界中，新手會尊敬並跟隨高手嗎？我在現實世界中看到很多不尊敬高手的人、不尊敬老師的學生、無視父母教導的子女、說上司壞話的下屬、認為自己比前輩更瞭解工作的後輩……

當然，在年輕人眼中，上司的思考和行動方式可能已經過時。他們可能會認為上司比起內容，更重視形式；或者強調程序超越工作結果；又或者只堅持過去的方式，讓人鬱悶。如果這樣的事情累積起來，起初的敬意就會蕩然無存，逐漸萌生輕視的念頭。同時，初期以學習的態度認真對待一切的純真熱情也隨之消退。在還是新進職員的時候，對於上司說的簡單話語也會記錄下來，非常珍惜地接受；過了二、三年，開始覺得自己無所不知，上司說的話聽起來都是嘮叨。

人總是容易變得傲慢。進洗手間時的心情和出來時的心情完全不同。認為自己知道的就是全部的自負，讓我們很容易失去謙虛。我們必須知道，比我經驗豐富的人也知道很多，即使是只有多一點。老師不單純只是老師，上司也不只是上司，他們比我站在更高的地方看著世界。

我只是在努力做著自己的工作，但上司不僅關照我，同時還審視別人的工作、知道其他部門發生了什麼事情，還觀察著整個公司的營運。他們重視程序、嘮叨都是有理由的。沉溺於傲慢的人絕對無法成為高手，唯有知道自己的不足，努力學習的人才有辦法。

藤澤秀行老師是我在日本留學時期的實戰老師，他在三十多歲時成為日本最優秀的棋士，六十七歲時還登上王座戰冠軍，締造日本圍棋最高齡冠軍紀錄。但是當被問到對圍棋瞭解多少時，他總是回答「大概只懂百分之六、七吧」。在他離世幾年前，記者提出同樣的問題，藤澤老師改變了回答：

「我大概只懂得圍棋的百分之一吧。」

我的想法也是一樣。世人認為圍棋九段已是出神入化，但事實並非如此。無論是剛開始還是現在，不瞭解的程度其實都是一樣的。這不是謙虛，在圍棋這沒有終點的道路上，跑一百公尺和跑一公里能有什麼差異？從整體來看，差距確實不大，不過從初學者的角度，一百公尺和一公里的差距可太大了。這不僅僅是時間與歲月的差距，更是努力、汗水和眼淚的差距，也是經過無數次失敗後，鍛鍊出來的剛毅和廣闊視野的差距。

我尚未走過的無數道路，高手已經走過；我目前還想著解決燃眉之急，而高手不僅會關注此事，還會關注其他事情，沉著應對。如果想成為高手，就要承認差異。而且每件事都要以學習的姿態，努力跟隨在高手身邊。和圍棋一樣，無論是哪個領域，其終點都很遙遠。我們要時刻以初學者的心態聽從高手的指示和教誨，如果以這種姿態繼續前進，不知不覺間，被人稱為高手的日子就會到來。

該捨棄的時候，毫不猶豫地捨棄

只要稍微接觸過圍棋的人，都會聽過「圍棋十訣」這個詞，出自唐玄宗時期擔任過棋待詔[26]的王積薪所寫的文章，包含了下圍棋的十個口訣。

在圍棋十訣中，最廣為人知的是第五條「捨小就大」。這與眾所周知的「因小失大」相反，意思是「在下棋時，先下價值大的地方，不要將棋下在小處，圍棋的勝敗是以地的大小來判定，所以當然要從大的先著手。」如果父母、老師或職場前輩教導必須「捨小就大」，大家都會回答理當如此，實踐起來卻不容

26 與皇帝下圍棋的臣子。

易。雖然從頭腦上可以理解，但如果眼前出現小利益，將會極難放棄，為了抓住這些小利而失去更大利益的情況也所在多有。

在圍棋中要正確解讀局勢的原因之一，就是不能出現這種因小失大的錯誤。初學者沉浸在提掉對方棋子的樂趣中，反而大龍被抓、地被奪走。高手則會審度整盤棋，利用「棄子戰術」故意以幾個子為誘餌，把對方捲入其中。在生手們因吃到幾個子而高興的時候，高手會透過巨大的陰謀壯大勢力。

圍棋十訣中有很多關於這種在適當時機放棄的條目。第六條「逢危須棄」也是一句名言，意為「如計算到有無法挽救的棋時，就應當機立斷，不要再浪費棋子去救」。最後一條「勢孤取和」也是：「當局勢周圍不利，或是我方少數棋子在敵方的勢力中，行棋應要和平相處，莫與對手挑起戰端互相廝殺。」與其抵抗、全軍覆沒，不如求和，謀求之後的發展。這些都是高手分享的名言，我也不能說完全理解其意。然而，我從圍棋中領悟到一種智慧，那就是捨棄生活中留戀的事物，反而會成為良藥並帶來益處。

事實上，突然來找我提出各種建議的人非常多。有人提議一起做生意，有人提議拍廣告，有人說要給我某個組織高位的職務。這些提案都非常誘人，只要接受就會獲得不小的收益，但也不能輕易接受。首先，必須考慮這些提案對我圍棋生涯的影響，還得考慮我的名聲。考慮完所有的事情後，很可惜地，該拒絕的比能接受的多出太多。

隨著時間流逝，有時也會突然感到遺憾，但我認為自己的決定還是正確的。因為圍棋對我來說，比任何經濟利益都重要。如果當時接受了那些提議，也許我會失去圍棋也說不定。

圍棋並非可以毫無限制一直持續的遊戲。黑、白各一百八十子，在有限的時間、有限的棋盤上進行。所以應經常眺望全局、考慮結果，一步一步有效地放置棋子。要懂得區分何為優先、何為其次的順序。假如覺得終究不是自己的，就應該果斷放棄。另外，為了更大的利益，有時應學會犧牲自己珍貴的棋子。

人生亦然。儘管時間像是沒有盡頭，但所有的機會只有一次，它們又彼此相連，現在的選擇會影響下一次機會。眼前的機會很甜蜜，卻可能導致日後付出殘酷的代價。相反地，只有放棄它，才能迎來更大的機會。如果不知道何者更重要，那就暫時將自己抽離，仔細地解讀局勢，必能看出正確的答案。

讓我們拋開無法選擇的苦惱，無法擺脫的人際關係，無法放棄、依舊束縛自己的事物、記憶、感情等。只有身心輕盈，才能跑得更快、更久、更遠。

五段

畫出終極的圖景

決定勝負的關鍵一招

以前圍棋對局時間非常長。現在大部分的圍棋賽，時間都限制在二到三個小時，再長也只需四至七個鐘頭；三十年前限制時間則是各自為五小時，加上起始時間，對局時間經常超過十一個小時。直到現在，我還記得一九九三年與李昌鎬的棋聖戰決賽，一般到晚上九點、十點對局就會結束，但當時的七局對局，全部超過晚上十一點；這可能是韓國圍棋史上最晚結束的對局。

這已經算是小兒科了。日本至今仍以進行漫長的圍棋比賽而聞名，最主要的大賽——棋聖戰、名人戰，限定時間各為八小時，雙方加起來長達十六個小時，因為一天無法消化賽事，所以分為兩天進行。雖然看起來還是太長，已經是縮短很多的了。二十世紀三〇年代，當時圍棋還存在限制時間各達四十小時的規定，直到四〇年代，限制時間各為十三小時，因此曾進行三天的對局。目前縮短為兩天，已經是日本相當努力的結果。

圍棋比賽中限制時間意味著什麼？限制時間愈長，可以解讀的招數就會愈深。我下了哪一手棋，腦海中可以想像並預測由此展開的未來局勢的時間就會變多。只要限制時間夠長，就能想出更有效率、更多元的招數。日本視圍棋為藝術，普遍認為透過長時間解讀招數，思考出更完美、更有效率的招數，是圍棋的「道」與「美」。因此，日本圍棋界在當今光速的時代，仍堅持八個小時長考型的慢棋比賽。

反之，限制時間變短的快棋對局，比起深入解讀局勢，大多只能依靠經驗和直覺。對於圍棋棋手來說，這也是非常重要的訓練。無論如何，出現失誤的機率也隨之升高，因此在內容方面的完成度非常低。

如果有人要問快棋對局和慢棋對局哪個對，我只會一笑置之。這無關對錯，只是形式問題罷了。一步一步地思考，較量最高實力是有意義的，但快速地較量直覺也有意義。作為職業棋士，這兩種形式的訓練都該接受。

圍棋不能僅憑著感覺下，也不能只憑著實力下。相反地，我要建議初、中級棋手加快下棋的速度，因為在他們的階段，即使努力思考也不一定想得到更好的一手。該階段的棋手，最好先下時間內想得出來的一手，有時會很滿意，有時也會後悔，重要是以此積累自己的棋感。如果能更努力地思考每一手，實戰的感覺自然會更好。下快棋和慢棋對局其實有密不可分的關係，因此尋找兩者間的平衡非常重要。

最近的趨勢向著快棋的方向發展，國內比賽大部分時間限制為各一小時，五分鐘、十分鐘、二十分鐘的超快棋對局也占相當比例。反之，只有兩、三個比賽進行二到三個小時的慢棋對局。如果過去慢棋對局的占比是百分之八十、快棋對局占百分之二十，那麼現在的趨勢已出現逆轉。

我承認這是無法抗拒的時代潮流。對於熟悉電腦遊戲和智慧型手機驚人速度的人來說，觀看超過五、六個小時的圍棋賽非常痛苦。在圍棋人口逐漸減少的情況下，固守長時間的圍棋賽是不符時代潮流的。如果進入速棋對局領域，就會有超越電腦遊戲的逼真感和刺激感，因此有利於吸引年輕粉絲。但是從圍棋的內容層面來看，過於傾向快棋對局是危險的，因為這意味職業棋士們可以深思的機會減少。不客氣地說，快棋對局只是在培養淺薄而快速的腦力激蕩，深層次思維的能力將會減退。

不加使用的能力必然退化。在過去幾十年間，圍棋是透過深度思維發展起來的，無論是進一步提升現代圍棋格局和水準的吳清源圍棋、創立「新布局」的木谷實圍棋、充滿狠招的趙治勳圍棋，以及在任何危機中都堅不動搖的李昌鎬圍棋等，這些偉大的棋風都是在苦思中誕生的。正因為有苦思作為堅實的基礎，這些最傑出的棋士在限制時間內展現了驚人的技巧。可是現在呢？習慣於快棋對局的年輕職業選手，經常在慢棋比賽中束手無策地敗北，因為很久沒有做深刻思考，不知道該如何使用指定的時間。

實際上，隸屬韓國棋院的物理學家裴泰一博士，便對此做過研究並發表資料。他曾對快棋和慢棋之間會存在真正的圍棋實力函數進行假設，透過調查證明了他的主張。他將年輕的職業棋士分為「擅長快棋小組」以及「擅長長考型小組」，並比較排名。結果顯示，快棋能力強的棋士，在二十到二十二歲時實力達到巔峰，之後的表現卻沒有太大的進步。但長考型小組，在二十歲左右時雖然表現不佳，但在二十五歲以後，實力反而有所提升，能在國際棋賽中取得佳績。

裴泰一博士認為，韓國圍棋在國際大賽中成績不佳的原因就在此。近年來，國際大賽順應時代潮流，限制一個小時的快棋賽有增加的趨勢，但像應氏盃、春蘭盃、三星車險盃等權威性國際大賽，仍堅持二到三個小時的慢棋比賽。在李昌鎬和李世乭活躍的二〇〇〇年代初期，韓國棋手還曾將冠軍盡收囊中；後來的一段時間，在與中國棋手的對局中，韓國棋手卻陷入苦戰。

我認為這是一味追求快速必須付出的代價。棋速快雖能帶來快感，有意思又很刺激，但如果只追求這種快感，就會失去慎重的態度和深度思考。也因此，在真正需要長時間認真思考再做出決定的時候，就會做出輕率的判斷。

圍棋之外的世界也是一樣。上了年紀的人來看，現在的年輕人對每件事都太即興了，比起理性，他們更注重感覺，按照心情行動；無法克制喜悅的心情，也無法忍受厭惡之心。

這導致什麼結果？輕率的行動、太多令人後悔的事接踵而至。用圍棋來形容，就是無法預測眼前的幾步，下錯棋。因上司的責罵隨意提出辭呈，然後後悔；對朋友或家人說出傷害的話，或是用謊言掩蓋失誤、錯誤而被揭發，這樣的事反覆發生。

在這個所有一切都快速運轉的時代，我們愈要訓練認真、慎重的思考方式。事實上，我們周圍發生的所有問題，只要稍微多加思考再付諸行動，就不會發生。因剽竊論文而從高階公務員候選名單中落選的人，或因失言而備受非議的名人等，從長遠來看，沒有深思熟慮的代價，遠比想像中要來得大。

以「宇宙流」[27]聞名的武宮正樹九段，曾為了決定一顆棋子的進路，在限定時間的八小時中，足足用了五個小時零七分鐘。在那五個小時零七分鐘裡，他滿臉認真地盯著棋盤。不懂圍棋的人一定無法理解這種場面：下一手棋有什麼重要的，為何得苦悶五個多小時呢？

但是這一手棋的差異實在太大了。眼下只是一顆棋子的進路，但從長遠的角度看，這可能會對勝負產生決定性影響。現在走錯的一步，之後可能會成為勒緊自己脖子或鞭打自己後背的弱點；更進一步說，這也是武宮九段想要走什麼棋路的選擇：根據朝哪個方向走，當天的棋局有可能成為「地」的紛爭，或成為大龍的戰爭。重視圍棋美學的武宮九段，在這五小時零七分鐘裡，腦海中反覆推演了數百盤棋。在他終於下了這一棋之後，就是他向世界宣告他將展開這樣的棋路，要過上這樣的人生。最終，武宮九段在這局獲勝，我相信這是思想的勝利，也是實力的勝利。

（此部分為傳達正確事實，參考了裴泰一教授的專欄「速棋精湛的棋手也能下好長考型圍棋嗎」，《cyberoro》二〇一二．六．四）

27 宇宙流的下法不重視地面上（邊上），而是整個中央天空的作戰，因此被稱作宇宙流。

不自量力的貪念會毀掉全局

在圍棋對局中，職業棋士會盡可能預想極多的棋步。根據棋士的不同，有所謂的解讀五十步、百步的說法，但實際上我們解讀步數和預判每一步的展開層次不同。

職業棋士計算是形象的。對職業棋士來說，棋步的順序是理所當然、一眼就能看出的。職業棋士之所以要苦思到讀秒，並非是為了瞭解棋步的順序，而是在考慮「之後」。比方我下了這一步，對方會如何反應，我又將如何應對、如何對抗，拯救什麼，吃掉什麼，在最壞的情況下做出何種選擇……比較、檢討、研究，這就是職業棋士對棋步的解讀。因此，與其說是「讀招數」，不如說是「看招數」。

職業棋士在布局階段就設計好了所有劇本和方向，一如之前描述武宮正樹九段耗時五小時零七分鐘想出步數，就是在做這件事。雖然有人會認為，為了設計一步，幾乎耗盡所有限制時間很不專業，但其實有其道理。他也許在這段時間寫下今後要展開的所有劇本，而情況也確實按他所預料的方向發展。正因為他將每一步棋都解讀得如此透澈，即使沒剩多少時間，他也能贏棋。

每個人都在解讀自己的招數中過日子。和下圍棋一樣，人生也必須讀取招數。與人見面分享的所有對話、職場內的所有行動、購房或投資等所有選擇，都基於讀取招數。例如向上司做業務報告，也需要讀取步數：是書面報告，還是口頭報告？要從結論開始說起，還是詳細說明過程？視情況決定報告方式，上司的反應也會有所不同。如果平時妥善掌握上司的性格、在什麼情況下以什麼方式溝通，透過解讀這些招數，就可以做出最好的選擇。

解讀招數在專家領域裡更為重要，尤其是商業、房地產、股票、基金等需要預測的行業，可說解讀招數就是全部也不為過。他們使用的方法與職業棋士沒有太大區別，倘若是專家，必定能輕易看清枝微末節的問題將如何發展；每天觀察各國的經濟政策、消費心理、物價指數、房地產市場、股市等，就能知道今後會發生哪些變化。把這些因素有機地串接並加以預測，肯定能判讀哪些股票會上漲，抑或是世界經濟將如何發展。

但這些解讀並不總是正確的。無論是數一數二的專家，還是像我這樣的職業圍棋九段，都會因錯過某些資訊而做出錯誤的選擇。如果解讀招數總是成功那該有多好？即使有資訊和知識基礎做客觀的預測，偶爾還是會出現錯誤解讀。這是因為我們不是電腦，無法放棄按照對自己有利的方式來解讀。試想，經濟專家們為何不曾預想到二〇〇八年的世界金融危機呢？銀行是如何向信用等級那麼低的人提供住宅貸款的呢？還不只如此，怎麼會想到用它做成衍生性金融商品、賣給投資銀行呢？

如果用腐爛的蘋果榨汁，這杯果汁就是腐爛蘋果汁，無論怎麼添加糖和香料都不會改變。如果是專家，那就應該將這個金融商品的危險呈現出來。儘管如此，之所以沒有人提出警告，是因為被眼前的欲望矇蔽雙眼，沒有妥善解讀招數。妨礙解讀的是一種貪欲，這些人想在短時間內獲得高收益，便對危險置之不理，只是用「不會有什麼問題吧？」「有銀行管理，一切都會好起來的！」這種安逸心態埋首銷售。

圍棋也是如此。如果被非贏不可的欲望沖昏頭，就無法看準下棋的步數；若被眼前的利益矇蔽雙眼，就預判不到前方三、四步了。要正確解讀招數，就要放棄從心底湧出的欲望。如果是高手，即使是看到機會的瞬間也不能興奮。如果我能看到這一步，對方也必定會看到，也會對此有所準備。看起來愈好的路其實愈危險，才要在盡量放空心靈的狀態下研究再研究，然後選擇最佳方法。

危機十訣中的「不得貪勝」，是指「贏一目也是贏，贏百目也是贏，所以不要因局勢大好，而讓對手有機可乘，應穩中求勝、步步為營」。雖然看起來強人所難，但不得不承認這是真理。任誰都知道圍棋是尋求勝利的遊戲，儘管如此，想要獲勝的欲望總會讓人失去平常心。在貪心的瞬間，什麼都看起來對自己有利，這些欲望本應丟棄；因為貪欲不能放手，最終將導致錯誤的選擇。因此，職業棋士們經常會反芻一個真理：看起來對自己有利的瞬間是最危險的，而此時最重要的正是放下欲望。棋局中膚淺解讀的結果必須自己承擔，所以要放下貪念，努力看得更遠。

為了信念必須下惡手的時候

在網路遊戲發展得如火如荼的二〇〇九年，我的改變也很大，過去只知道下圍棋，現在坐到電腦前，戴著耳機玩起了網路遊戲。遊戲的名字叫「Batoo」，基本規則和圍棋相似，但戰鬥的因子比圍棋更強。

一個國家的國手竟然投入只有年輕人才會玩的網路遊戲，引得眾人議論紛紛，「國手竟然做出不合體統的事情」、「看來是想錢想瘋了」，甚至還有「因為下圍棋的成績不好，所以想用別的東西來嚐甜頭」等各式各樣的聲音。但我有自己的理由。雖然不知道別人怎麼看，但對我來說，這是經過長時間思考後得出的深刻結論。

當時圍棋人口正持續減少，曾引領風潮的韓國圍棋面臨著被中國超越的危機。外面好玩的東西很多，而且有趣的網路遊戲也蜂擁而至，圍棋的占地愈來愈狹窄。圍棋的未來取決於年輕人，他們卻選擇迴避，這該如何是好？沒有別的辦法，如果他們不來尋找圍棋，圍棋就應該去尋找他們。

我認為在對Batoo感興趣的人之中，一定會有人喜歡上圍棋。Batoo雖然是與圍棋不同的網路遊戲，但最終還是源自圍棋。Batoo的入門書和圍棋入門書一樣，吃掉對手的棋子和占地的基本規則也一模一樣。雖然有些賭博因素，但無論級別如何，只要制定好戰略，新手也能戰勝職業九段。而且還有年獎金規模高達十二億韓元的「世界Batoo聯賽」（World Batoo League），這點非常吸引人。我覺得年輕人開心地玩Batoo，一定也會對圍棋產生興趣，圍棋人口自然會增加，因此當時我積極參與，從程式研發階段就給予建議，還和後輩棋手一起參加了世界Batoo聯賽。我接受多家媒體的採訪，協助宣傳Batoo。叫我宣傳大使也好、同夥也罷，我都無所謂。我和年紀比我小很多的人對打，也被他們修理得很慘。

不僅是一般社會大眾，當時圍棋界內部也有很多人對我表示不滿。有人擔心Batoo不僅不會增加圍棋人口，反而會損害圍棋的權威，最終導致圍棋人口減少。當然，他們的擔憂也有充分理由。即使如此，也不能只緊抱著權威，世界已天翻地覆了。重視權威的二十世紀七、八〇年代已經過去；不是說入境要隨俗嗎？

我確信，即使圍棋的權威下降，圍棋人口也不會因為Batoo而減少。Batoo終究只是遊戲，無論趣味性有多強，人們都會追求深度，回到圍棋的領域。圍棋畢竟已經生存了四千多年，我不認為會出現地位動搖的現象。我做好了一切準備，成為Batoo的傳教士。這件事絕對不是僅止於簡單的開始，因此受到責難也無所謂。不，我反而從不受別人擺布、按照自己的信念行動感到了自由。如果用圍棋來比喻，我當時下的正是惡手。惡手意味著嚴重有違棋理，會造成明顯損失，職業棋士們為了不下惡手費盡了心思。正如圍棋格言「比起下出妙手，不出惡手才能獲勝」，惡手會導致整盤棋走向完全不利的局面。

從投身Batoo之後，我清楚可能會被罵得很慘，而且Batoo可能不會太成功。我也知道這將會給國手的名譽帶來不小的打擊。儘管如此，我仍然只能下這個惡手。因為這是某個人必須要做的事情，我做的話會更好。除了我以外，還有誰能做呢？年齡比我大的人不會做，也不能讓前途遠大的後輩來做。如果不是我，而是李昌鎬出面的話，一定會被罵得更慘。由我出面，不僅可調節被批判的程度，圍棋界的反對也會少一些。

圍棋教導我們絕對不能下惡手，人生卻不同。有時候明知是惡手，還是得下，有時候是情況使然，但更大的理由是為了堅守信念。

我的信念是圍棋必須繼續發展。為此，就算我受到一些打擊又如何？也許只要是擁有信念的人，都會做出和我相似的決定；儘管知道對自己沒有任何好處，還是投身勞工運動或進行市民運動的人，以及那些任何人都不理解，卻獻身於賺不到錢的事情的人。從社會的標準，這些人看來可能是可憐、令人寒心的。但信念卻會超越這樣的眼光，因為按照信念行動，本身就能帶給靈魂自由。

遺憾的是，Batoo未能大舉擴散，服務也中斷了，我那擴大圍棋人口的夢想因此受挫。很多人可能會說「曹薰鉉強出頭，真是活該！」可是難道這就意味我錯了嗎？不是的，不是那樣。結果不好不能視為錯誤，Batoo雖然失敗，卻是一次很好的嘗試。

我還是在苦思有沒有擴大圍棋人口的好辦法。如果是為了圍棋的普及和發展，我將不顧一切，下一招惡手。

知識累積，思慮更深

我在電視上看過關於彩虹顏色的有趣節目。韓國人只要提到彩虹，就會自動聯想到「七種顏色」。但據說，世界上將彩虹分為七種顏色的國家並不多。在美國，雖然學校教育教導彩虹有七種顏色，但很多人認為只有六種；歐洲人大部分也認為是六種顏色。另外，根據記載，古代馬雅族將彩虹的顏色區分為五種。仔細想想，我還記得韓國上了年紀的老人們也把彩虹稱為「五色彩虹」。有趣的是，如果讓那些學過彩虹是五種或六種顏色的人去區分顏色，真的只能區分出五、六個。對他們來說，紅色和黃色之間的橙色、藍色和紫色的差異幾乎無法識別。一直把彩虹視為三種顏色的非洲某個部落，實際上除了三種顏色之外，完全無法區分。

我認為這個例子可以成為「所見即所知」這句格言的很好例證。事實上，如果用電腦檢測彩虹的顏色，就會出現數萬種。雖然無法用人類的視覺區分這所有的顏色，但至少可以區分出比七種更多色彩。然而，自從在學校接受「彩虹是七種顏色」教育的瞬間開始，我們就停止努力看到更多顏色了，因為這是公認的事實，不會再花力氣苦思。

也許我們解讀步數不順利的原因也在此。本以為自己都知道，但還是存在自己不懂的其他方法。這在圍棋對局中也經常發生，由於缺乏知識，以致無法正確解讀未來的步數。瞭解得愈多，對於解讀步數愈有利。要想解讀好步數，直觀和經驗固然重要，但最重要的是知識要豐富。透過不斷學習和研究，多積累知識，才能從各個角度解讀，也才能做更長遠的預測。

因此，進一步發展的道路只有學習。對於職業棋士來說，如果學習是閱讀圍棋教材、分析棋譜、努力解決問題的話，那麼對於世人來說，學習是在積極研究自己領域的同時，對世界也懷抱極大的關心和熱情。

雖說圍棋與人生相似，實際上圍棋本身與世事完全隔絕。為了下好圍棋，並不需培養社會常識或歷史、文化背景的知識。事實上，就算完全不知道世界是怎麼運轉的，圍棋還是能下得好。瀨越老師一生都不知道一袋米多少錢、公車路線是什麼；現在我會看新聞，也看連續劇，但在全盛時期，我完全不知道政治是怎麼回事、經濟又是如何。即便如此，切斷一切外界的干擾，只研究圍棋，時間仍嫌不夠。圍棋人士都會認為，與其花時間關心世上的生活，還不如多解決一個死活題。職業棋士在棋盤前被稱為天才，在現實生活中反而更接近傻瓜。

實際的人生卻不同。大部分的職業與世事息息相關，作家只有仔細解讀時代的要求，才能寫出好小說；作曲家唯有瞭解大眾的喜好，才能創作出人氣歌曲。醫生即使知道再多的醫療知識，如果不擅與患者溝通，也會被冷落。在

IT領域工作的人，應該要關注新技術乃至對於目前最受歡迎的音樂和電影等多方面內容。

所以，如果我們想解讀好人生的步數，就要針對自己的領域不間斷地學習，同時關注世界。要認真閱讀報紙，還要觀看電影和連續劇。不能只知道想知道的東西，或只看想看的事物。至少應該知道在哪裡發生了什麼事情、為什麼會發生。即使現在看來和自己所做的事情毫無關連，如果這些資訊聚集在一起，甚至積累在我的內在，就能在關鍵時刻做出準確的預測。

我認為，最近社會上掀起人文學風潮，也是出於同樣的道理。在這個喜歡輕鬆、刺激的時代，掀起人文學熱潮意味著什麼？也許是因為人文學成為深入理解人類和世界的渠道：經由歷史、哲學、科學、藝術等學問，回顧人類走過的所有道路，擴大對世界的思考。很多人說，聽完人文學講座，感覺心靈得到療癒，為了微小問題而不安的心情消失，取而代之的是從容、寬廣的視角。如果積累人文學知識，在職場處理事情的方式、與同事溝通的方式，乃至看待和解釋所有事情的方式，都會發生變化。這將使我們能夠產生更有創意的想法，並且能夠更準確地預測未來。

之所以感到不安，是因為我們不知道的事情太多。博識之人是強大的。瞭解得愈多，失誤就會減少，也能看得更遠。因此，解讀步數最好的方式是努力學習，積累知識和實力。

高手能勝過時間

「讀秒」這個詞在日常生活中經常用到，很多人卻不知道在圍棋中是如何使用的。圍棋對局在規定時間之後進入倒數計時，根據比賽，讀秒時間的差別極大，有的給三十秒五次，也有的只給一分鐘。國際大賽就更加多樣化了，有的給四十秒五次，有些比賽乾脆不給。應氏盃的情況是沒有讀秒，直接給予三十五分鐘的追加時間，如果連這個時間都用完，就要扣除兩點占地。無論採取何種方式，都是在時間壓力下落子。

超過讀秒時間有次數規定，超過就會被判「逾時裁定敗」。我在全盛時期屬快棋派，幾乎不曾遭讀秒追趕。因為時間充裕，人們甚至開玩笑說，若我將剩下的時間出售，還可以大賺一筆。即便如此，我也經歷過「逾時裁定敗」。

大約二十年前，韓國棋院改變了讀秒的方式。原本是由計時員告知，後來改為由對局者直接按計時器。我經常忘記下棋之後要自己手動按計時器，因此經歷了幾次「逾時裁定敗」。年輕棋手很快就適應了自己按計時器，但像我這樣年紀大的棋手，要經歷幾次失敗後才警醒過來。

我也有過想來就羞愧的「逾時裁定敗」，六十一年的圍棋生涯中經歷過兩次。有一次並不是因為計時器的緣故，而是在讀秒結束後，仍然沒能落下棋子。那真是奇妙的經驗。我還記得聽到「進行最後讀秒，一、二、三……」的聲音。在讀到「八、九、十」的時候，只要落下棋子就沒問題，但不知是不是我的手凍住了，還是腦袋僵掉了，全身就是無法動彈。媒體用歲月和年齡包裝這件事，但我知道，我只是放棄了。作為職業棋士，我無法做出任何辯解。

我偶爾也會想像，不受任何時間限制或讀秒壓力地下圍棋又會如何？不用想太久就搖起頭來。勝負應在規定時間內塵埃落定，如果沒有限制時間，各自在想出最好的辦法之前都不落子，那麼一盤棋可能要下數十天之久。這不是輸贏，而是神仙的遊戲。實際上，日本直到二十世紀三〇年代還曾有過這種神仙遊戲，其中最為人津津樂道的是一九三八年，最後一位世襲的第二十一世本因坊[28]秀哉和木谷實的對局。當時兩人都有四十個小時的限制時間，由於秀哉的健康不佳，對局隨時中斷，所以下完一局足足用了一百五十八天。

在日本，如果對局中斷，為了不讓彼此知道下一步棋是什麼，由下一步落棋者提前決定著落點，然後密封在信封裡，這是所謂「封手」的慣例。因為用了一百五十八天，封手也進行了十五次。這只有在把圍棋視為藝術的日本才會發生，當時幾乎所有的日本棋士都把這種對局看成一種求道。我的師兄吳清源則不同（他也是跟隨瀨越老師學習，所以我們是師兄弟的關係）。他主張要想進

---

28 本因坊原是日本著名的圍棋門派，至二十一世為止，由門下弟子世襲其地位。

行公平的比賽，就要大幅縮短限制時間，減少頻繁的封手。在二十世紀三〇年代當時，這是超越時代的主張。

足足花了一百五十八天的秀哉和木谷實對陣的棋譜，不用多說也能知道有多完美；在充裕的限定時間內，每一次封手，就獲得幾天的時間思考，這無疑是屬於神界的棋譜。但其實未必。經過這麼長時間的思考完成的棋譜也有失誤之處。反之，在快速進行，限制時間為一到三小時的圍棋對局中，偶爾也會出現驚人的神來之筆。

還是需要時間限制的；不，是一定要有。人類的大腦不會因為給予無限的時間而發揮得更好。正如「經過長時間的思考落下惡手」這句話，圍棋也會有考慮得太多，想法反而打結的情況。如果我能以二十多歲的棋藝，使用無限的時間，總是處於最佳狀態的情況下圍棋的話，我真的能勝過神嗎？我想那是不可能的，因為在同樣的條件下，即使和擁有同樣實力的人對決，也無法知道能否獲勝；就算是已經達到最高境界的圍棋九段，再怎麼說也只是人類的頭腦，人與人之間也會有勝者與敗者，那又如何能勝過神呢？

這個社會也是。正如同圍棋比賽必須在有時間限制和讀秒的公平框架內競爭，這個社會也在時間的限制下公平地戰鬥，沒有人能擺脫時間的限制。工廠必須在最後期限前完成訂單要求的貨物，建築師必須依約完成建築，上班族總是抱著明天之前要寫的報告書和下週之前要完成的企劃書度日。當截止日期逼近，雖然焦急地希望有更多時間，但無論如何，在期限內完成自己的工作這件事，是眾生平等的。此外，如果是真正的高手，在緊迫時間內也能發揮出驚人的實力。

想在自己的領域成為高手，就要從小開始積累在時間限制壓力下取得成就的經驗。學校考試是在規定的時間內公平競爭最具代表性的行為；每天都要做的作業、需要較長時間的報告製作、發表準備等也是很好的鍛鍊。隨著無數次完成或長或短的課題，一定能學會如何有效地使用時間、如何確定最後期限、如何掌握屬於自己的步伐。

在圍棋的領域中，與其不能做出決定而超過讀秒時間，還不如用次好的招數。同樣地，追求業務的完成度固然很好，但有時遵守時間更重要。即使不能取得最好的成果，在最後期限內取得一定水準以上的成績，也是極其明確的能力。當然，如果能在最後期限前拿出最好的成果，就再好不過了。所有圍棋高手都是在時間限制和讀秒的壓力下成長，並且留下載入史冊的華麗棋譜。高手就是如此，對高手來說，與時間賽跑是擺脫不了的宿命，而且只要是高手，一定要在這樣的賽跑中獲勝。

六段

在勝負的世界裡，覆盤是基本

愈痛愈要仔細觀看

二〇一四年的國手戰，是趙漢乘和李世乭的對決。繼第一局後，李世乭也輸掉第二局，那天兩人覆盤的場面給我留下很深的印象。

覆盤在詞典中意為「黑白棋雙方交手分出勝負後，依照剛剛的下法倒帶重新再擺一次，與對手一一檢討、反省、推敲剛剛下的每一步棋」。在職業棋士的世界，像這樣重新下每一棋的情況很少見，尤其是經歷超過二、三個小時的長考，結束艱苦的對局後，無論是勝者還是敗者，幾乎都氣力用盡，覆盤自然是很大的負擔，因此主要是透過觀察棋盤，簡單地分析在哪一步中分出勝負，勝者看到什麼、敗者沒能看見什麼，以此代替完整覆盤。

但是當天兩人的覆盤並非如此。李世乭抓住趙漢乘，不斷提問，反覆將棋子放下、拿起，兩人的覆盤在計時員離開後還持續了一個半小時；後來其他棋手也加入，正式討論起來，開始剖析棋局。不知是否因為這種覆盤的力量，在幾天後的第三局中，李世乭憑藉勇往直前的攻擊性棋風取得了完美的勝利。

圍棋史上記載了無數有關覆盤的趣事。上個世紀五〇年代至六〇年代，素有「剃刀」綽號之稱的坂田榮男九段，曾在一局棋中惜敗。據說當時對手因故無法覆盤、準備離開時，他說「你留下了紀錄，一起覆盤吧！」他還抓住無辜的記錄員徹夜分析了敗因。一九九一年，在東洋證券盃決賽中遇到李昌鎬的林海峰九段，在比賽中始終占據優勢，最終被對手反超。他雖然是已經位列傳奇人物的高手，在與眼前的世界冠軍失之交臂的情況下，他面無委屈地抓住十七歲的少年，花了很長時間覆盤。從當天開始，林海峰成為李昌鎬最尊敬的人。

對於不太懂圍棋的人來說，覆盤多少有些陌生和浪漫。勝者與敗者面對面回顧對局內容，不覺得這兩人很帥氣嗎？其實也沒什麼好帥氣的，我們覆盤的理由雖然是禮儀，但也是因為這樣更有效率。失敗者無論如何都要找出自己失敗的原因，與其回家一個人悶悶不樂，不如問眼前人來得簡單。另一方面，不能毫不留情地說很簡單，因為覆盤是在對局結束後進行，勝者因喜悅而興奮，敗者有著委屈和憤怒等各種痛苦情緒。事實上，壓抑所有的情緒，平靜地覆盤是很困難的，尤其是成為敗將的那天，覆盤更是艱難數倍。就像往傷口上撒鹽一般，表面上看似十分平靜，內心卻非常鬱悶且辛酸。

圍棋職業棋士不是修道人，只是裝作不在意——事實上絕非如此。李世乭在二〇〇一年LG盃世界棋王戰上與李昌鎬對決時，雖然先贏了兩局，但連輸三局，屈居亞軍。那時他只有十七歲，非常淡定地覆盤，可是聽說他那天晚上回家之後，放聲大哭了很久。

偶爾也有一些棋士無法覆盤就匆忙離開，觀眾可能覺得無禮，事實上這種情況十有八九是忍不住淚水而跑去了洗手間。我雖然沒有哭過，但也多次想哭，現在即便進化到姑且不論輸贏，對於還能下棋而心存感恩，年輕時我也是討厭失敗的。覆盤結束後，迫切需要自己一人獨處的時間，我不喜歡喝酒，也沒有其他興趣愛好，所以經常一個人深夜散步，直到疲憊才回家。連最親近的妻子，我都不願意讓她看到我失敗後不穩定的醜態。

對勝者來說，覆盤也並非易事。雖然很難隱藏喜悅，但是因為與對方的關係產生許多複雜的情結，所以更加痛苦。在李昌鎬奪走我全部頭銜那段時間，我們的覆盤場面非常微妙，讓觀看的人都忍不住擔心。因為戰勝老師的歉意，昌鎬沒能回答我的問題，直冒冷汗。

無論對勝者或敗者，覆盤都是一種折磨。即便如此，我們還是要覆盤，因為只有覆盤，才能準確知道自己做對了什麼、做錯了什麼。如能好好覆盤，可以避免重蹈覆轍，也能更深入地研究，為下一局做準備；亦即覆盤勝利的對局，是在養成勝利的習慣、覆盤輸掉的對局，是在做好勝利的準備。覆盤並不局限於圍棋，在勝負的世界裡，覆盤尤其是基本。

反覆觀看自己失誤的場面會是何種心情？如果可以的話，也許想避開，因為沒有人想正面直視自己的恥辱。但是勝者們反而會目不轉睛地盯著棋盤，因為他們深知，只有認識到自己的失誤，不再重複，未來才能取勝。

覆盤的意義在於省察和自我反省，這是以深刻的思想為基礎，要求謙虛和忍耐。職業棋士雖然在對局中多少有些攻擊傾向，但基本上品德好，原因是從小就透過覆盤不斷地自我反省。我見過很多圍棋高手，沒有一個人是驕傲的。雖然從小就無數次聽到自己是天才的讚美，反而更加謙虛，理由可能是登上頂峰之前，更被無數天才踐踏過。在無數的踐踏之後，就會產生我的存在只是宇宙中無數塵埃之一的想法，只會想努力做好自己分內的事，絲毫沒有我很偉大的自豪感。

即便程度不同，大家都會覆盤。任誰都會在一天結束後，躺在床上想起當天發生的事：上司的訓斥、得到的稱讚、會議時的狀況、項目的進行過程等，有後悔，也會反省自己為什麼那樣做。

這時最重要的是不要逃避。有些人會努力擺脫太丟臉或太後悔的事情，有些人總是把自己的錯誤歸咎於別人或將其正當化。雖然盡快克服失敗是件好事，也不能因此而把責任推卸給別人或乾脆地否認。克服固然重要，但一定要判斷出自己到底做錯了什麼。唯有如此，才不會重蹈覆轍。

即使疼痛也要盡力觀察，不，愈是疼痛愈要敏銳觀察。失誤不是偶然的，出現失誤是因為我心裡有輕率和不成熟。如果不承認、改正錯誤，就會永遠像孩子般不成熟地活著。

接受，並且遠望吧！每天都要痛徹心扉地覆盤當天的棋局。這會讓自己在工作中成為高手，內心也會成長為成熟的大人。

把敵人的想法變成我的想法

覆盤的另一個意義，在於探索不曾走過的路。我們一邊覆盤，一邊思考不同的情況：如果這樣下的話會怎樣？如果下了別招，勝負會不會改變？職業選手們的覆盤正是在做這種討論。

此時，輸的一方會想盡一切辦法在覆盤中找出自己獲勝的招數。雖然在實戰中輸了，在覆盤中獲勝、希望讓對方投降，這等於是想洗刷在對局中失敗的冤屈。與此相反，贏的人心有餘裕，所以盡量在覆盤中輸給對方。是啊，那樣我就輸了，那樣我就沒法脫身了，藉此緩解對方的情緒。然而在覆盤中也有不亞於實戰的情況。如果輸的人提出可以獲勝的想法，贏的人有時會提出另一個足以翻盤的做法，諸如此類，彼此的主張來回進行，就會引發熱烈的討論，有時還比實戰時間更長。

覆盤之所以重要，是因為透過對局後的討論，可以瞭解對方的想法。藉對方之手探知自己完全不知道的事情、事先沒想到的招數。這實在是個偉大的經驗。思慮深刻的人，都有因某種契機而打破思考框架、頭腦豁然開朗的經歷。隨著至今為止建立的思考秩序崩塌，暫時會感到混亂，但消化過後，便能從更高層次做思考。接受別人的思考體系，頭腦中就會發生變革，而這首先要有開放的心態。只把敵人當作敵人，絕對學不到東西，即使是敵人，也要心懷敬意、積極學習其優點，如果只把競爭和厭惡放在前面，就絕無進步的可能。

誰都不喜歡輸。可以的話，每個人都不希望向任何人下跪。真心想贏，就該向贏的人低頭學習，哪怕是多問一個問題，也要把他的想法變成自己的。

我認為圍棋能夠持續發展，是因為圍棋與其他領域不同，知識集體共享和公開討論的文化非常活躍。圍棋的棋譜就像網路，任何人都可以登錄查看，任何人都可以覆盤並提出對策。著名圍棋網站的公告欄上，每天都在討論頂級棋士的棋譜；圍棋本身就是不分年齡、性別、級別競技的運動，因此任何人都可以提出新想法。

我想起一九九七年為了參加第十屆富士通盃，與多名職業棋士一起飛往日本時，飛機上發生的事。當時我滿腦子都是幾天前和小林覺在東洋證券盃決賽第二局的情景，雖然最終取得勝利，內容卻不盡如人意。正好坐在旁邊的車敏洙提起這件事，我就把我的想法說了出來：

「仔細一想，確實有妙招。本來可以早點結束的，但是我的布局弄錯了。」

然後我說出自己想到的妙招。後排的李昌鎬好像聽到我們的對話，剛下榻酒店，昌鎬就開始研究對付我妙招的方法，並在一夜之間找出答案。昌鎬對另一棋士崔明勳五段說道：

「昨天老師在飛機上說的那一招，其實還有別的反制法，所以行不通。」

崔明勳把這個發現轉告給車敏洙，車敏洙再傳達給我，我苦思了一夜，於是又發現了另個妙招。

「昨天昌鎬說的那一招，如果我這樣阻止的話，他會怎麼做？」

車敏洙拍了一下膝蓋。

「那就動彈不得了！」

我們的覆盤未曾停止，也許李昌鎬現在還在研究另一個妙招。

高手每天都在覆盤

很久以前有人來棋院找我，互通姓名一結束，他立刻說出挑釁的話。

「我能打敗你！」

「什麼？」

「我研究過曹先生您的棋譜數百遍，知己知彼，不就是百戰百勝嗎？您雖然不認識我，但我對您的棋路瞭若指掌，我能打敗你！」

我無話可說，只是說「啊，是嗎？」就此結束了對話。

棋譜研究是學習圍棋的基礎。從初學者到職業棋士，只要是下圍棋的人，都會看著棋譜學習。過去流傳下來的古典名局棋譜、主要大賽的棋譜、著名職業棋士們的棋譜一定要看。看著棋譜，熟悉高手們的布局和定式，學習如何在危機面前堅持住、以何種妙招走出來等思考方式；初學者只要認真分析棋譜，就能在短時間內提高實力。

將棋譜一子不差地擺在棋盤上分析，其實與覆盤相似，只是對象不同。將一顆顆棋子擺上去，瞭解為什麼下在那裡、有何意圖，就會知道對方的想法。啊，原來如此，原來有這樣的思路啊。職業圍棋的每一招都有很深的含義，因此逐一擺下棋子具有重大意義。研究棋譜的另一個理由是為了尋找失誤，再厲害的高手棋譜也會有漏洞。分析高手犯下的荒唐失誤、未看到的招數、勝利與失敗的因素……就像覆盤一樣，分析一個棋譜有時需要數十天的時間，但是真的可以說只看棋譜就能瞭解那個人的圍棋嗎？如果是這樣，那就再好不過了，可惜事實並非如此。

當然，透過棋譜可以瞭解那個人的棋風，這有助於掌握對手是下攻擊型圍棋，還是縝密計算型圍棋等，所謂圍棋的「流」，頂多也就是這樣。高手的圍棋會因一棋之差，不知道朝什麼方向而去。追求實際利益型圍棋的人，會採取大膽攻擊的招數；運用攻擊型圍棋的人，也會在某個瞬間採用謹慎的防禦型思路。高手的棋路會根據情況靈活變化，所以即使背誦了許多對方的棋譜，也不能說完全瞭解。

圍棋是地球上所有棋類遊戲中招數最多的。據說單純從數學統計，也能達到七百位數。當然，如果要適用圍棋規則，相當一部分將會毫無意義，即使如此，這數字顯然也非常驚人。圍棋不僅根據規則，還根據棋手的創意分為數億、數兆種類型，根據從哪個落點開始，棋局的進行也會天差地別。記錄圍棋的歷史已有兩百年，至今仍沒有一盤棋是相同的。

小時候在對局之前，我也會為了瞭解對方而仔細閱讀並分析他的棋譜，但很快意識到這並沒有多大幫助。即使制定了「那個人這樣下，我就應該這樣下」的戰略，一旦進入實戰，一切都會因一招之差改變，若要一一應對所有變數、制定戰略，需要花費很長時間。最終，我覺悟到與其花時間分析對方，繼續學習圍棋才是更好的準備。

最好的辦法就是每天覆盤當天下的棋，將白天下的棋原封不動地記住並重新擺過，是學習圍棋的基本功。當天下的棋是一面鏡子，如實反映了自己現在的實力和程度，有犯錯就要立即改正。

瀨越老師儘管沒有親切地一子一子教我圍棋，對覆盤卻很嚴格。吃完晚飯後，必然要覆盤當天下的棋。在老師面前覆盤時，他有時會不動聲色地指出一顆棋子，我就知道那是我需要研究的地方。

我教昌鎬的方式也大同小異。昌鎬來我家時，已經養成非常努力的習慣，不需要我多做訓練。我們家為昌鎬準備的房間，簡直是密密麻麻擺滿圍棋相關書籍的資料室，昌鎬把所有的書都讀完了，而且好像也把棋譜都看完並分析過。奇怪的是，我偶爾叫昌鎬來覆盤，昌鎬卻沒能覆盤當天下的棋。擺了幾顆棋後，就說後面記不起來了，像石頭一樣坐著。我不敢相信。我一直以為覆盤是職業棋士不用努力就自然會有的能力，看一遍棋譜瞬間就要能背下來。我向昌鎬提了一件要求：

「別的先不說，但一定要記住當天下的棋。只有做到這一點，才能反省並改正。」

從那以後昌鎬非常努力，慢吞吞地反覆記憶，不久，無法覆盤的情景不再發生。昌鎬雖然從巔峰上退下來有一段時間了，至今仍時時刻刻覆盤、研究棋譜。對局結束後，只要對方願意，他會非常仔細地覆盤。對方提問時，他毫無保留地說明自己的戰略。據說，中國圍棋迷特別喜歡昌鎬，就是因為他總是謙虛地面對覆盤。

二〇〇四年春蘭盃決賽時，昌鎬有個關於覆盤的溫馨故事。奪冠後，晚上八點左右，李昌鎬在酒店休息，決賽對手胡耀宇七段（現八段）帶領多名年輕棋士來到他面前，纏著他覆盤。雖然是突如其來的造訪，但李昌鎬欣然應允。據說當天昌鎬揉著睏頓的眼睛回答中國棋士們的提問，覆盤到凌晨才結束。

記住，並且不要後悔

覆盤的時候偶爾會想抓自己的頭髮，尤其是在大賽決賽中敗北的日子，覆盤更是倍感吃力：我怎麼會沒看見？我是笨蛋嗎？一想到錯失的冠軍獎金，心裡又更加憤慨——如果被這種自責綁架了，就無法正常覆盤；只有在能夠客觀看待已經下過的棋時，覆盤才會順利。自責、嘆息、委屈等情緒，只會帶來更多惋惜與痛苦，阻礙自己究竟做錯了什麼的反省。

因此職業棋士必須努力練習盡快擺脫負面情緒，集中心力覆盤。這不是件容易的事。要拋棄滿滿的負面情緒需要一段時間，而在心情毫無餘裕的情況下做覆盤真是非常痛苦；但只要做過一、兩次，就會得到鍛鍊。與其說是很快控制住情緒，不如說是習慣痛苦的感覺更正確。

有時，這種痛苦的滋味在對局結束後也會持續很久，這對職業棋士來說是一個非常不好的預兆。長時間沉浸在失敗感中會失去自信，進一步導致長時間的低潮。所以我們不應該認為覆盤只是單純的複習與反省，而是克服並且放手的儀式。雖然今天圍棋下得不好，但又能怎麼辦呢？已經落下的棋子無法反悔，遊戲結束了，現在應該回顧、反省，然後遺忘。

有人說，比起正面的記憶，人類更傾向於長久保留負面的記憶。得到稱讚的事情、成功的事情，總會很快遺忘；丟臉或失敗的事情經常會記住一輩子。也許是因為心理上的衝擊更大，留下精神上的創傷。我也是如此。到目前為止，我總共對局超過兩千七百盤，其中雖然贏了一千九百盤左右，但奇怪的是，比起贏的對局，落敗的那些更讓人印象深刻。在應氏盃、富士通盃、東洋證券盃等比賽中獲勝的記憶儘管深刻，但從質量上，在棋聖戰中以半目之差敗給昌鎬的記憶反而更鮮明。

在第七屆棋聖戰中，前兩局由我拿下，但昌鎬急起直追，我連續輸了接下來的兩局。在二比二平手的情況下進行第五局比賽，結果是昌鎬的半目勝。真是非常令人惋惜的落敗。當年棋聖戰的冠軍獎金是一千八百萬韓元，如果奪冠，第二年將以衛冕者的身分自動參賽，所以加上對局費，等於是在眼前輸掉了五千萬韓元。以半目之差輸掉比賽的心情難以言喻。雖然勝就勝、負就是負，但惜敗的比賽更加令人空虛。在輸掉比賽的日子，我連覺也睡不好，身體和頭腦非常疲勞，神經卻始終不能放鬆，在被窩裡翻來覆去，害得妻子也常常失眠。

這種情緒最好盡快排解掉，因為我得參加馬上就要舉行的其他比賽。我選擇的方法還是覆盤再覆盤。透過覆盤查明失敗的原因、找出自己能夠獲勝的道路，這本身就讓人感到欣慰：啊，原來如此，如果這樣下的話，我一定會贏，那下次不能再犯這樣的錯誤了。這樣消化後心情會變好。另外，與人熱絡地交談和討論，對消除不好的記憶也很有幫助。棋聖戰結束後，我持續公開談論我覆盤的結果，後來乾脆以「曹薰鉉輸給李昌鎬五千萬韓元的半目」為題，詳細說明了我的失誤。如此反覆訴說，不知不覺間，那天的棋譜看起來就像是別人的棋譜似的。

除此之外，我很久以前就偶爾為主要大賽擔任解說，解說對放下情緒也有很大的幫助。我平時總是站在對局者的位置，一旦成為解說者，觀看棋手們的比賽，視角就不同了。對雙方棋手而言，那是一場驚心動魄的比賽，但對圍棋迷來說，卻是津津有味的遊戲；從圍棋歷史看，這是誕生另一個紀錄的瞬間。如果經常接觸這種氣氛，就會覺得讓我們有時哭、有時笑的無數勝負終將過去。

另外，如果覺得自己在對局中輸掉比賽很悲慘，那麼輸給我的人心情也是一樣的。如此一想，心情也會為之改觀。勝負是零和競爭，我經常獲勝固然很好，但這對其他棋手來說是不幸的事，對他們的圍棋迷來說也覺得不甘心。

仔細想想，總是贏也是非常無聊的生活。因為有失敗，成功才更有意義。

拋開一定要贏的僵化思維，想著有贏的時候，也有輸的時候，心裡就會舒坦許多。

最好盡快擺脫失敗的負面影響，因為沒有時間後悔；明天還要比賽，要是有時間後悔，倒不如多看一回棋譜。考試沒考好不用失望，面試落榜也不必氣餒；不會因為捱了上司的批評，天就塌下來，馬上就會有下一次機會，所以做好準備更重要。覆盤不是後悔，而是樹立新的戰略。反省失誤後，用更有創意的全新想法裝備自己。要找出自己獨有的擺脫失敗法，盡快找回自信。

七段

用分享來培養思考的規模

為何要分享

到目前為止，圍棋還公認是專屬於韓國、中國、日本的競技，這三個國家的圍棋人口最多，職業聯賽和棋賽非常蓬勃，更主辦大型的國際棋賽；最重要的是，在表現水準上，目前還沒有其他國家趕得上這三國。

但這並不意味圍棋只存在於韓、中、日三國境內。台灣人口較少，選手層不足，但職業棋賽依然很活躍，水準也是頂級的。台灣從很早以前就讓圍棋棋士去日本留學，在培養頂級棋士方面下了很大功夫。眾所周知，在趙治勳出現之前，長期稱霸日本圍棋的林海峰就來自台灣；另外，十年來一直稱霸台灣圍棋界的陳詩淵是在權甲龍道場[29]學習的韓國留學派。最重要的是，圍棋大賽的規模和市場之所以能夠像現在這樣擴大，台灣富豪應昌期功不可沒。如果他沒有打造四十萬美元獎金規模的國際棋賽——應氏盃，就不會出現富士通盃，圍棋的世界化也將延宕很久。台灣圍棋的規模雖然很小，但在圍棋史上的貢獻不容小覷。

離開東亞，圍棋人口明顯減少，只是並不意味完全沒有愛好者群體。截至二〇二三年，在國際圍棋聯盟註冊的會員國共有七十七個，歐洲三十九個，美洲十五個，非洲三個。根據二〇一六年的調查，全世界會下圍棋的人口約為四千七百萬，參加比賽的約有兩百五十萬人。雖然與數億人的國際象棋人口相比，微不足道，也不算太少。

圍棋之所以能跨出東亞、走向全世界，日本功不可沒。二十世紀六〇年代，

29 一九八三年開院，是韓國培養出最多職業棋士的道場。李世乭、崔哲瀚出身於此，教導過來自中國大陸、台灣等地很多留學生。除了權甲龍道場外，沖岩道場、張秀英道場、陽川大一道場等也很知名。

日本棋院發行了英語圍棋雜誌《Go Review》供對圍棋感興趣的西方人閱讀；日本也在美國、歐洲、南美等地設立圍棋中心，派圍棋教練到國外等等。圍棋在西方以「Go」（「棋」的日語發音）的名字廣為人知，也因為是透過日本推廣，大部分的圍棋用語都是日本發音。

圍棋地位的提升有賴許多個人和國家的努力，其中韓國的貢獻有多大呢？現在韓國已經成長為超越日本的圍棋強國，我認為韓國也應主動為圍棋的全球化努力。儘管規模還很小，韓國已進行各種嘗試：派出專業棋手前往歐洲、美國、澳大利亞、新加坡等地擔任指導教練。還有像已故的韓相大教授（前明知大學圍棋學系），為外國人開設英語圍棋教室，或為派遣海外的教練進行英語教育的義工等。從二〇一〇年開始，大韓圍棋協會和韓國棋院編列預算，對於派遣到海外的教練提供資金援助。

也許有人會覺得「我們為什麼要把心思放在圍棋的全球推廣上呢？」這與「我們為什麼要花力氣推廣跆拳道？」的說法相似，都是目光短淺的想法。如果沒有把跆拳道推向全世界，現在它就不會成為奧運會項目之一，韓國選手也不會在世界跆拳道大賽上獲得那麼多獎牌。跆拳道人口愈多，選手和教練的數量就愈多，錦標賽也愈多，由此帶來的產業也愈大。同時，宗主國韓國的地位也將提高。

在韓國貧困的二十世紀六〇年代至八〇年代，跆拳道和圍棋可說是韓國自尊的代名詞，多虧了它們，當時出國的韓國留學生和僑民才得以揚眉吐氣。個子矮小的東方人赤手空拳擊破二十塊磚頭、跳上半空將木板踢成兩半的模樣，讓西方人大感震撼。此外，如果知道被輕視的留學生是圍棋高手，那麼從那時起，他們在校園內的待遇就會發生變化。據說下課後，很多學生或教授會拿著棋盤過來，只求能下一盤棋。

儘管在仁川亞運會上，圍棋未能成為正式比賽項目，但我認為隨著世界圍棋人口增加，這個問題將迎刃而解。如果韓國、日本和中國透過努力，讓圍棋人口遍布歐洲、北美和南美，總有一天會在奧運會上比賽圍棋。就像因為有日本，韓國和中國的圍棋才能成長，因為韓國，中國的圍棋才能像現在這樣強大，為了各自的成長，彼此需要互相幫助。不僅是圍棋，所有領域都是如此，獨自一人絕對無法成大事，一定要互相分享，共同成長。

現在圍棋世界化的進展雖然非常緩慢，但人們的熱情令人印象深刻。每年舉行的世界業餘圍棋錦標賽上，願意自費參賽的選手多達五、六十人，參加國不僅有歐洲主要國家，還有越南、巴西、印度等，十分多元。另外，業餘棋手和職業棋士都可以參加的公開賽「歐洲圍棋大賽」(European Go Congress)，每年都有數百名圍棋愛好者參加，其水準也在逐年提升。

我讀過一篇專欄文章，是擔任過澳洲圍棋協會會長、已故韓相大教授所寫的，關於他所見過超乎想像的圍棋迷（〈韓相大教授轉述的澳洲圍棋奇人〉，《週日新聞》第一一五七期），其中有位百萬富翁的法語教授，因為喜歡下圍棋而學習日語，後來成為日語教授；之後，他懷著學習韓國圍棋的想法自學了韓語，最終來到韓國，在權甲龍道場開始學習圍棋。據說他在韓國期間，就在鍾路安排住處，每天去塔谷公園和老人下圍棋，中午在首爾市提供的免費餐車前排隊吃免費麵條，然後繼續回去下圍棋。在別人眼裡，他可能只是一名奇怪的外國人，但他待在可以整天盡情下棋的地方，可說度過了非常幸福的日子。

另有一位澳洲人是東洋學博士，因為迷上了圍棋，寫了圍棋論文，又在此領域獲得碩士學位。他突然在塔斯馬尼亞（位於澳洲東南部的大島）買了一個大農場，因為他有個計畫：僱用牧童時，他一定要他們簽下「牧場工作結束後，要學習圍棋兩個小時」的合約，結果他僱用的每個牧童都喜歡上圍棋。令人訝異的是，不久後其中一名少年成為業餘二段，代表澳洲青少年參加世界大賽。後來他賣掉牧場，搬到其他地方，每天教村裡的孩子下圍棋。他宣傳說獲勝的孩子可以獲得兩美元的獎勵，這是他發明的圍棋推廣辦法，效果很好，也很獨特。

如果非常熱愛某件事，自然會推薦給身邊的人，和他們分享那份喜悅。如果我們到海外，讓一、兩個人成為圍棋愛好者，他們就會傳播給數十、數百人，那益處會加倍回到我們身邊。分享並不是單純地向外給出去，而是回報過往來到我們身邊的豐厚恩惠，也是我們對未來的投資。

為了敵手的成長開心

二〇一三是韓、中、日三國圍棋戰天翻地覆的一年。在總共七個世界大賽中，六個冠軍獎盃都被中國奪走，剩下的一個在日本手上，是十七年來韓國隊首次連一個冠軍獎盃都沒拿到的一年。很多人相信韓國圍棋的危機加深了。也許就是一九八九年我拿下應氏盃冠軍後，一直延續到當時的韓國圍棋全盛期即將結束的信號。

相反地，中國的氣勢從那以後開始洶湧澎湃。與圍棋人口持續減少的韓、日不同，中國的圍棋人口不斷增長；在政府支持和企業投資增加下，職業聯賽極其蓬勃，大型國際棋賽接連不斷。二〇一三年，中國的國際棋賽冠軍獎金規模超越了韓國，至今一直保持著相同水準。

新舊交替也在迅速發生。在二〇一二年年底，世界排名第一的是李世乭，第六位是朴廷桓、第七位是崔哲瀚；二〇一五年一月李世乭跌至第三位，朴廷桓上升到第一、金志錫第二。排名前三位都是韓國棋士，看起來還不錯，但事實並非如此。緊隨他們身後的中國棋士成長迅速，幾年來一直由中國的柯潔獨占鰲頭。二〇二三年六月，申真諝排名第一，朴廷桓排名第二，卞相壹排名第四，韓國勢頭尚佳，而進入前十名的大多數依然是中國棋士：柯潔、王星昊、辜梓豪、芈昱廷、李欽誠和丁浩。

中國圍棋實力的增強引發諸多憂慮。中國的優勢意味著韓國圍棋的衰退，這暗示就像過去日本被韓國超越後，圍棋開始走下坡一樣，韓國也有可能走上這樣的道路。但我認為這個問題需要從其他方面思考。數十年來，韓國棋士一直處於巔峰，暫時把大位讓給中國也沒問題。所有體育項目在擁有強大的競爭對手時，都會獲得更大的發展；加上中國圍棋的成長，意味著職業棋士的活動舞臺也變廣闊了，以前只有日本和韓國主辦過棋賽，如今中國不斷推出大規模國際棋賽，還建立了職業聯賽，韓國棋士參與其中並獲得收益的機會也因此增加。中國的甲級、乙級職業聯賽已能見到很多韓國棋士。在中國的職業聯賽中，韓國棋士大量出現，在當地享有不亞於藝人的人氣，每年收入從數千萬韓元到數億韓元不等。在這樣的事發生之前，任誰都沒有預料到如此巨大的轉變。只有車敏洙預判到了，他從八〇年代初期就主張「只有中國圍棋發展，世界圍棋才能發展」。

鮮為人知的是，車敏洙與中國圍棋有著密切關係。他從中國圍棋尚未得到政府支持，就給予他們很多幫助。這段緣分始於二十世紀八〇年代中期，當時韓國棋院想方設法希望與中國做圍棋交流，始終不得其門而入；當時的中國是共產國家，韓國尚未與之建交，因此沒有任何接觸管道。在思考如何與中國棋院接觸時，韓國棋院相關人士想起已經移民美國，並擁有美國國籍的車敏洙。

車敏洙作為特使，負責與中國棋院建立聯繫，當時見到的人就是中國圍棋協會主席陳祖德。可惜中國政府堅不交流的方針，此次會面無功而返。不過當時的見面在車敏洙的心裡埋下了一粒種子，他決心要幫助中國圍棋崛起；懷著這樣的心情，不久後他促成了「韓中最強者之戰」，自費邀請韓中最優秀的棋士赴美國對局。當時受邀的中國棋士是聶衛平，韓國棋士就是我。這非常了不起，他以個人之力完成了國家層級都做不到的事。當時車敏洙的腦海裡，就已經擘畫出更大的藍圖：

「只有中國圍棋取得巨大發展，世界圍棋才能成長；要想讓圍棋比現在更受歡迎，中國圍棋就必須不斷壯大。」

事實上，當時韓國圍棋也正處於掙扎狀態，因此誰都無法理解車敏洙的話。很多人覺得他只是因為有錢才想做這樣的事，但幾年後我見到他，他正東奔西走，想在中國舉辦規模極大的名人賽。為了促成此事，他願意以個人財產出資，舉辦冠軍獎金達六萬人民幣的競賽。這也很了不起，因為當時中國棋賽的冠軍獎金都在五千元之譜，最多也就是一萬元，而中國棋院以稅收名義會拿走百分之九十，獲勝者能拿到的金額簡直就是微不足道。車敏洙和中國棋院商議，他將另行支付舉辦費，要求不要刪減棋士的對局費和獎金。他說只要接受這個條件，將無償在中國舉行冠軍獎金六萬元人民幣和總獎金一百萬元人民幣規模的棋賽。這是中國棋院無法拒絕的提議。據說他對陳祖德這樣說道：

「中國圍棋要想復甦，必須讓職業棋士看到他們能賺大錢。唯有如此，年幼的天才才會湧向圍棋。」

如此創造出來的就是車敏洙的「友情盃」。對韓國來說雖然比較陌生，但在中國圍棋的歷史上，友情盃的意義非常深遠。在獎金提高的同時，也讓職業棋士們對職業充滿自豪，讓中國棋院看到了如何才能發展圍棋。這種熱情讓超過一百四十名棋手湧向友情盃比賽，參賽者當然也包括像聶衛平、馬曉春、劉小光等頂級棋士。車敏洙的友情盃始於一九九五年，至一九九七年為止共舉辦三屆，我曾受邀參加友情盃的前夜慶典，每次去都深受感動。車敏洙真是個了不起的人，不僅有膽識，對圍棋還情有獨鍾，我從來沒有見過無條件為別人花那麼多錢又如此幸福的人。

友情盃雖然只辦了三年，這段時期卻十分重要。在友情盃消失後，冠軍獎金達十五萬美元的春蘭盃於一九九八年創立，中國國內棋賽的獎金規模大幅上升。圍棋成為人氣項目，職業聯賽開始活躍也是從那時開始。友情盃在中國圍棋史上留下短暫卻深刻的足跡。

如今，中國圍棋不再需要我們的幫助，自己也能變得強大。相反地，目前中國透過大規模的國際棋賽和職業聯賽，不只對韓國，對世界所有圍棋棋手都產生很大的影響。隨著中國圍棋的快速發展，韓國圍棋相形下像是委靡不振，但我認為這是圍棋發展必經的過程。如果中國圍棋不像車敏洙預料的那樣壯大，韓國職業棋士現在可能會更苦惱該靠什麼過日子，更加鬱悶不已。

我認為中國圍棋還會繼續成長，而韓國和日本也不會坐以待斃，在威脅面前更加拚命地反擊。或許日後會出現完全沒有預料到的新勢力，美國、俄羅斯、歐洲或北韓，都有可能會出現震撼二十一世紀的圍棋天才，誰知道呢？

（此部分為傳達正確事實，參考了許榮燮評論室長的報導〈車敏洙四段，再次聚焦他背後隱藏的故事〉，月刊《圍棋》五五八—五六八號）

開放和變化是生存的戰略

日本大地震發生的二〇一一年，韓國棋院收到了一份公文，是日本棋院關於「在第二十四屆比賽結束後，將中止舉辦富士通盃棋賽」的通報。雖然之前傳聞很多，一旦真的發生，還是讓人心情複雜。

富士通盃是誕生於一九八八年的第一個國際棋賽，由圍棋強國日本舉辦，富士通、讀賣新聞社等實力雄厚的企業贊助，因此權威性非常高。尤其是富士通盃也是讓韓國圍棋超越日本圍棋的實戰擂台，初期雖然大多是日本選手捧走冠軍獎盃，但從第六屆以後，韓國總共奪冠了十五次，我也在一九九四、二〇〇〇和二〇〇一年三次拿下冠軍。聽到有著特殊感情的大賽中斷的消息，只覺得心情十分紊亂。

富士通盃的中斷意味著日本處於停滯狀態，不僅是圍棋的停滯，也代表日本的經濟不景氣，當然也顯示日本的國運正處於衰退期。雄心勃勃開始的豐田盃，也在二〇〇九年舉辦第四屆大賽後中斷。現在的日本沒有舉辦任何國際大賽了。更令人惋惜的是，繼趙治勳和小林光一之後，日本也沒出現能夠帶動圍棋發展的年輕天才。為了學習日本圍棋，甚至到日本留學的我，不得不感到恍如隔世。六十年前，日本圍棋是世界第一，只要是職業棋士都夢想著能去日本留學……。現在再也沒有人去日本了，因為韓國和中國取得了令人矚目的發展，日本則停滯不前。

事實上，這是很久以前就能預料到的事。從二十世紀九〇年代中期開始，日本圍棋就走上了孤立之路。世界正在急遽變化，日本棋院卻只停留在過去。韓國和中國覺得二到三個小時的比賽時間太長，制定了限制時間一小時以內的快棋大賽，選拔方式也十分多樣，而日本仍堅持限制時間八小時，固守著圍棋傳統和權威。韓國和中國不僅積極發展國內比賽，也舉辦各種國際比賽，日本在國際比賽上未能嚐到甜頭，乾脆只專注於國內賽事，封閉起來。

如果認為舉辦國際棋賽負擔太重，也可以將日本的三大棋賽——棋聖戰、名人戰、本因坊戰轉換為開放性棋賽，讓外國棋士參與。即使日本圍棋大不如前，但棋聖、名人、本因坊戰的傳統非常悠久，獎金也超過世界大賽，只要充分利用就能引領日本圍棋再次復興。我曾多次向日本的《圍棋通信》投稿，並稱只要公開，就會帶領韓國的棋士積極參與，可惜日本圍棋界始終保持沉默。

我認為日本圍棋的低迷是因為孤立。雖然另有圍棋的人氣下降、贊助商離開、經濟惡化等多種原因，但最主要的就是怠於敞開大門、接受變化。

回顧韓國圍棋飛速發展的過去，我們真的做出很多努力。除了每位棋士都貢獻良多，韓國棋院也付出了很多心血，企業界則給予很大的幫助。國內大賽雖停辦了棋聖戰、王位戰等傳統大賽，但同時設立了GS CELTEX盃、Maxim

Coffee盃、GG Auction盃、KB國民銀行圍棋聯賽、圍棋電視盃、最佳棋士決定賽等；還舉辦了女子棋聖戰、女子國手戰、女子最佳棋士決定賽等諸多女性圍棋大賽。

最特別的是，新舉辦的比賽採用了較有趣的體育形式。Maxim Coffee盃是限制時間只有十分鐘的超快棋比賽，GG Auction盃是女性隊對男性年長者隊，以勝者連戰[30]的方式對決的十分鐘超快棋比賽。另外，在KB國民銀行圍棋聯賽中，就像職業棒球一樣，各地區隊伍經由聯賽決出勝負，二〇二三年因日本和台灣參加，躋身為國際大賽之列。我們打破了原有的框架，進行了多種實驗。圍棋大賽不一定非得嚴峻而沉悶，我們想舉辦像運動競技一樣充滿真實感、能讓觀眾緊張的比賽。隨著進展的加快，不斷增加了讓更多棋手可以參與、更多人觀看和享受的創意。

30 即勝者繼續迎戰下一個對手。

其中最具劃時代意義的，是農心辛拉麵盃國際大賽（原真露SBS盃）。這個比賽以韓、中、日三個國家對抗賽的形式舉辦，過去雖然有過中、日超級對抗賽，但這是首次聯合三國的比賽，而且採勝者連戰的方式，更加引人入勝。各國派出五名選手，每次一名選手比賽，與對方國家交叉對決，獲勝就繼續下，輸了便由下一位選手接棒。這種方式視誰擔任第一棒、誰擔任最後一棒等戰略決定勝負。如果一到四號選手獲勝，那麼最後一位選手根本不用下棋就能奪冠，而即使一到四號選手全部敗北，只要最後一位選手獲勝，也能奪冠。這個棋賽就像觀看團隊運動一樣，十分有趣，還可以比較棋手個人的實力，因此趣味倍增。

實際上，在第二屆真露盃上，徐奉洙雖以四連勝的戰績領先，但被依田紀基以五連勝擊敗（而我擊敗依田紀基、隊長李昌鎬打敗武宮正樹，最終韓國獲勝）。第五屆時，第二棒選手徐奉洙取得九連勝，震驚了全世界。其他棋手只是在討論室觀賽，最後捧著冠軍獎盃而歸。另外，經常被任命為隊長參加比賽的李昌鎬，在第六屆農心辛拉麵盃時，先後戰勝了剩餘五名中國和日本棋手，為韓國隊帶來戲劇性的勝利。在第七屆，日本隊的依田紀基以最後一人之姿先後戰勝了趙漢乘、孔傑、李昌鎬，首次也是最後一次帶領日本隊取得勝利，這也跌破眾人眼鏡。二〇〇八年第九屆大會時，雖然韓國還剩下三名選手，但都被中國選手常昊擊敗，奪走了勝利。

從農心辛拉麵盃觀看各國圍棋的新老交替也是另一種樂趣。現在我、徐奉洙、李昌鎬等選手實力衰退，不能再參加該競賽了；之後是李世乭、崔哲瀚、金志錫、睦鎮碩、朴廷桓、姜東潤等人的天下，最近換上申真諝、申旻峻、姜東潤、卞相壹等，展現很好的實力。到目前為止，實力還不輸中國，雙方戰況激烈。

標榜「打破隔閡，公平地用實力一決高下」的三星車險盃，也是一個偉大的比賽。顧名思義，從研究選手到業餘選手、職業選手，任何人都可以參賽。除了正式被分配為比賽種子選手（淘汰賽上提前被放在對陣表特定位置的強勁選手）外，其餘選手都是自發參與。即使是再厲害的職業選手，如果得不到種子選手資格，也得參加綜合預選賽，而且這個比賽得自費參加。

就算是曾經排名世界第一的棋士李世乭和古力九段，如果沒能獲得種子選手資格，為了參賽仍須親自預訂機票。另外，如果不能進入決賽圈，就沒有對局費。打破職業選手和業餘選手的界限，向更多人開放的同時，以自費參加為原則，廢除了對局費；取而代之的是提高獎金，冠軍可獲得三億韓元，亞軍是一億韓元。對此，圍棋人的反應非常熱烈。過去區分為業餘、職業、高段、低段、本國人、外國人的界限不再有意義，九段高手也可能在綜合預選賽中遇到業餘最強者而被淘汰，一分錢都拿不到。最重要的是，業餘選手能夠參加世界大賽，與聲名在外的職業選手一決高下，這是非比尋常的經驗。不僅是中國、日本的棋士，美國、歐洲等遠道而來的棋士也都自費來到比賽現場。

主辦方選定的外卡也令人耳目一新，每年都會選出令人驚訝的往年明星參加決賽。我曾在二〇〇九年以外卡身分參賽，聶衛平、劉昌赫、李昌鎬、趙治動、常昊等也是。其中趙治勳完全沒有獲得任何期待，但一路過關斬將進入決賽，最終戰勝年輕氣盛的朴永訓九段獲得了冠軍。諸如此類，三星車險盃每年都會發生令人驚訝的事情。

三星車險盃的比賽方式得到好評後，ＬＧ盃、夢百合盃等也選擇了公開賽制和自費參賽制。雖然有人表示不滿，但自費參賽制逐漸成為圍棋界的趨勢。過去由主辦單位負擔對局費和比賽費的方式，對贊助商來說負擔太重，導致比賽規模縮小或廢止；為了給圍棋棋士更多的對局機會，也為了持續舉辦比賽，我認為公開賽制和自費參賽制是正確的。

雙淘汰也是三星車險盃首次引進的制度。在此之前，圍棋大賽只要輸掉一場比賽，就沒有機會再比下去，但是三星車險盃到二〇一八年為止，給予三十二強賽每人各兩場比賽的機會。兩局都贏的話進入下一階段，兩局都輸的話則被淘汰，輸一局贏一局的人重新進行較量，決定晉級或淘汰。雖然二〇一九年大幅縮減了整體比賽時間，變更為單局勝制，但取消因對陣運氣而冤枉落選的變數，決定出真正的強者，這點相當受圍棋棋士歡迎。

隨著中國圍棋選手實力增強，進入決賽的中國棋士占了絕大多數，冠軍獎金也大部分由中國隊獲得。有人說，是不是應該限制開放制？我認為萬萬不可，因為那將重蹈以日本棋士不能奪冠為由而縮小規模、最終導致中斷的富士通盃和豐田盃的覆轍。如果我們輸了就關起大門，中國也會對我們關上大門，這才是韓國圍棋走向滅亡的危機。

目前世界有三分之二的棋賽在中國舉行。另外，韓國棋士也大量參與中國的甲級、乙級職業聯賽。中國職業聯賽規模比韓國大，待遇也高，只要是棋士都想去中國發展。就像棒球選手夢想進軍美國職業棒球大聯盟那樣，最近韓國棋士則夢想著進軍中國職業聯賽。

現在，頂級選手幾乎都在參加中國甲級聯賽，而中國大眾對職業聯賽的關注度也很高，朴廷桓、金志錫、李世乭、崔哲瀚等選手，在當地的人氣不亞於藝人。另外，得益於職業聯賽，他們的收入也大幅增長。可以說，因為中國圍棋的發展，全世界的職業棋士才能夠生存下來。如果韓國圍棋關閉國門，就等於放棄如此廣闊的中國市場。無論是哪個領域，要想進一步發展，都需要競爭和交流。不足者為了進一步學習、強大者為了享受其地位、分享其力量，或者培養未來的競爭者，都應該最大限度地敞開大門，進行交流。

我真心希望日本圍棋界能在刻苦努力下重新復活。日本圍棋的停滯對整個圍棋界來說是巨大的損失，如此多的人口和廣闊的市場沒有發揮應有的影響，浪費了許多資源。雖然為時稍晚，但希望他們將三大棋賽改為公開賽制，並接受韓國和中國棋士的挑戰；如此一來，圍棋熱潮就會復甦，沉睡的圍棋棋士才也會甦醒過來。非常希望小林光一、趙治勳、加藤正夫、依田紀基、武宮正樹等承繼日本圍棋界的大型天才棋士能夠再次出現。

八段

最重要的是留下人

要留下什麼樣的遺產？

結束日本的留學生涯，回到韓國等待入伍日期時，一位關係很好的記者小心翼翼地告訴我：

「剛從日本傳來的消息，聽說瀨越老師去世了。」

什麼？我什麼話也說不出來，實在無法相信。距離我離開日本才不過四個月，老師年過八十，雖然體力有點差，但還沒衰弱到這種程度。

「怎麼……怎麼會……老師是怎麼過世的？」

「你不要激動。瀨越老師是自縊。」

我的腦袋一片空白，瞬間頭暈癱坐在地。第二天，報紙一致登載了老師自縊的消息。老師放棄自己的生命，據說逝去的模樣很平和，在他身邊發現了兩封遺書。一封是寫給兒媳的，表示「不想再拖累妳照顧我這個老人，想先離開了」。另一封是寫給朋友和後輩們的，說「希望你們一定要把回到韓國的曹薰鉉帶回日本，讓他成大器」。

當時我還有幾週就要入伍，所以沒能去日本。聽說圍棋界有幾位人士要去弔唁，我除了趕緊寫下弔唁信，發給老師的兒媳，什麼都做不了。緊接著我入伍，艱苦的新兵訓練生活有助於忘卻老師去世帶來的震驚和悲傷。其實我真的無法相信，似乎如果再去老師位於西荻的家，穿著和服的老師就會像畫一樣坐在檐廊上迎接我。大約兩個月後，我被分配到城南機場服役，同時也收到了信：是瀨越老師的兒媳寄來的。

「薰鉉，幾天前班凱走了。從你離開，牠就一直悶悶不樂。公公過世以後，牠根本就不吃東西了。可能是因為兩個摯愛的主人不見了，不想再活下去。你走了，公公也走了，現在連班凱也走了，我真的很難再守著這間空蕩蕩的房子……」

那一瞬間，我崩潰了。不僅是班凱的死，老師過世的實感也突然襲來，眼淚不受控制地湧出。老師在我十六歲的時候，送給我班凱這隻黑色秋田幼犬。牠剛來的時候才三個月大，但長得飛快，身軀很快就大到像韓國土狗珍島犬那樣。每天早晨起床，我清理完班凱留在院子裡的糞便後，就會和牠一起在村子裡散步。牠護主心切，總是緊緊跟著我，只要看見陌生人就會大聲吠叫，想要保護我……。據說秋田犬的壽命一般有十多年，怎麼會這麼快就死了？只能說是悲傷的緣故。

班凱的死讓我想起老師的過世。老師放棄生命的原因，也有一部分跟失去我有關。我因兵役問題要回韓國前，老師慌了。我從來沒有看過他這副模樣，當時他幾乎無法保持理性。他給韓國棋院和兵務廳寫了抗議信，還動用了韓國政界的人脈，做出各種努力，可惜一切都是徒勞，他挫折不已。

道別的早晨，老師眼神空洞地看著我離去，帶著似乎對生活再無希望，只想放下一切的表情。那是我對老師的最後記憶。老師選擇自縊，據說因為非常痛苦，一般人在斷氣之前通常會掙扎，老師最終卻忍住了。老師就是那樣的人，不管是什麼，只要做出決定，就會毫不猶豫地完成。

據說自從我離開後，老師不再外出，與外界斷絕來往。由於傷心過度，他幾乎食不下嚥，也很少說話。據轉述，他曾用乾澀的聲音自言自語道：

「薰鉉要回來的話，需要五年的時間吧……」

五年太過漫長，可能是他沒有信心等到我回去。當時還發生了川端康成自殺事件，因獲得諾貝爾文學獎而處於人生巔峰的川端康成，突然在工作室開瓦斯結束了生命。對於已經放棄所有希望的老師來說，好朋友的自殺成為導火線，他就這樣結束了自己的人生。

諷刺的是，當我聽到老師自縊的消息時，才深切意識到他是多麼關愛我。學生不懂老師的心，年幼的學生怎麼能知道從不表現出來，只是堆積在內心深處的呵護呢？

我沒有資格評斷老師的自縊是對是錯，只記得老師留給我的「遺產」(legacy)，那就是對圍棋的熱愛，和正直、深沉的精神世界。

老師為了圍棋奉獻一生。為了圍棋，國家、民族、自己的名譽和利益都不重要。所以他把中國人吳清源帶回來，撼動了日本圍棋界，並將我這個韓國人培養成世界頂級棋士。老師如果成為學者或藝術家，也一定會有巨大的成就。他從小就很聰明，圍棋和學習成績都非常好，繪畫和書法的水準也很高，因此一直從事藝術活動。聽說在日本，老師的書法作品均以高價交易。老師本可以進入圍棋最高家族本因坊，但出於「如果進入其他家門、牽制本因坊，對圍棋的發展更有益」的想法，他進入了方圓社家門，當時是一九〇八年。

老師的戰績豐碩，短短幾個月間，他共出戰三十九局，創下了三十勝六負、未完賽三局的紀錄；一九一〇年，他與以毒舌著稱的鬼將野澤四段對局。當時野澤四段惡毒地說：「你圍棋下得這麼俗氣，就不用白費力氣了。」據說老師氣到跑進茅房哭了一陣，才又回來更專注地下棋，最後贏了他。

老師最知名的對局就是和他，以及最後世襲的本因坊秀哉名人。瀨越老師與秀哉前後對局十三次，從受三子到受先，其中受三子兩戰全勝，受兩子五勝一和，受先四勝一負。當時的秀哉受兩子對陣七段高手，能夠保持一半勝率，足見老師的戰績如何顯赫。但隨著日本棋院發表新的定段制度[31]，成績回到原點；當時很多棋士反對改變並退出，老師卻默默地接受了。這表明比起分清是非，他認為圍棋界的團結更重要。

此後，老師只專注於培養接班人。他的第一個弟子橋本宇太郎具有不亞於老師的天才圍棋實力及卓越的品性，備受尊敬。他原本隸屬於日本棋院關西分部，因為反對日本棋院處事的獨斷，與關西分部所屬的棋士們團結起來，創立了「關西棋院」。從那時起數十年間，關西棋院和日本棋院共同成為引領日本圍

31 指日本棋院以「大手合」升段賽，取代原本的對局定段制度。

棋界的兩大山頭。橋本宇太郎去世後，雖然關西棋院勢力有所削弱，但有二〇一〇年代贏得十段戰和天元戰冠軍的結城聰，和贏得二〇一三年阿含桐山盃冠軍的村川大介帶領著關西棋院。現與日本棋院的關係已經恢復，正在討論重新整合，不可否認的是，橋本宇太郎為日本圍棋界畫上了濃墨重彩的一筆。

老師的第二個弟子是吳清源。吳清源的貢獻不僅在圍棋上，還以超越時代的自由精神及領導力，在圍棋界備受推崇。瀨越老師為了把吳清源帶到日本，付出很多心血，據說為推動他赴日留學，他們在兩年內來往的信件多達五十餘封。老師特別拜託當時的日本總理、圍棋愛好者犬養毅，促成吳清源留學日本。當時犬養毅總理問道：「如果那個孩子來到日本以後，搶走了名人位，您會怎麼做？」老師這樣回答：

「這正是吳清源該做的事。」

實際上，吳清源在瀨越老師的帶領下很快成長，並征服了日本天下。他十九歲時與木谷實一同發表新布石，後來使用在與本因坊秀哉名人的對局中，展現了當代任何人都無法企及的挑戰意識，吳清源還以對木谷實的模仿棋聞名。他剛到日本就贏了幾乎所有棋士，唯獨打不過木谷實，便想到了模仿棋。木谷實下一棋後，吳清源在完全對稱的位置以同樣的形狀落子。有人批評他卑鄙，但吳清源並不介意，因為模仿並不是目的，而是為了瞭解棋局如何展開，是研究精神的徹底體現。模仿棋一直持續到第六十二手，吳清源一度領先，但中途失誤，最終木谷實以三目獲勝。

當天的對局讓兩人變得像兄弟一樣親密。他們面對面，共同開發出新布石，出版了《新布石法》。這本書在棋壇掀起旋風，此時木谷實二十五歲，吳清源才二十歲，不得不說，這兩人都是偉大的天才。此後，吳清源以十番棋戰勝木谷實，等於打敗了當代所有高手，成為第一人。

瀨越老師在確認吳清源成功後，放下了一切，把住過的房子也留給了他，自己租了一個小屋，而且在二十多年後見到我之前，沒再收過任何一個弟子。

老師的貢獻就這樣交織在日本的圍棋歷史裡。繼承了他精神遺產的吳清源因為是中國人，受到了各種刺殺威脅，仍登上了第一人的寶座，現在以棋聖之名，成為日本人最尊敬的棋士。吳清源將瀨越老師傳給他的恩惠如實地分享給其他弟子：他收台灣人林海峰為徒，將其培養成日本第一棋士，並接納被中國棋院拋棄的芮迺偉。林海峰也陸續獲得日本名人、本因坊、天元等頭銜；芮迺偉九段轉至韓國棋院，二〇〇〇年時擊敗我，成為韓國首位也是世界首位女性國手。據說當時芮迺偉九段獲得冠軍的消息一傳開，吳清源曾說：「給曹薰鉉添麻煩了。」

而我該如何延續下去瀨越老師的遺贈呢？一九八四年見到李昌鎬時，我認為那就是我報答老師最好的機會。雖然太快來臨，但我不想錯過。我無條件地接受了昌鎬，就像老師對我做的那樣，不收學費，也沒有簽訂任何契約。再加上昌鎬來到我身邊時，對於圍棋的才能、態度以及人格等，都是處於完成的狀態下，我認為這是一種祝福。儘管做夢也沒想到那個十歲時進入我家門的小傢伙，在十五歲時長成覬覦我王位的老虎。我經歷了人生中最大的快樂和最糟糕的、如地獄般的混亂。

如果我當時的年紀再大一點，或者昌鎬成功得稍微遲一些，那麼我們就不會被捲入勝負世界複雜微妙的情緒中，會有更舒心的師生關係。這是昌鎬和我都要克服的課題。那時很不容易，只是堅持而已，雖然非常痛苦，昌鎬和我都平安地走出了地獄般的隧道。現在李昌鎬成了我引以為傲的弟子，昌鎬在瀨越老師、橋本宇太郎、吳清源、林海峰、我和芮迺偉的這一支體系中絕不遜色。我相信昌鎬也會很好地接下我們曾繼承的這份精神遺產。

我還沒來得及償還老師的恩情。現在我逐漸退出了勝負的世界，也在思考自己要為後世留下什麼。我還不清楚那會是什麼形態，可能是培養其他弟子，也可能是為了圍棋界做點什麼。我知道這不是想做就能做的事，衷心懇切地等待另一個像命運一樣到來的機會。

熱愛世界吧

一九七七年的某個秋日，藤澤秀行老師連絡我：

「薰鉉，我現在在金浦機場，快來接我。」

我嚇了一跳，他沒跟我連絡就來到機場了。我又馬上露出了微笑：是啊，如果是藤澤老師的話，那也沒什麼好意外的！

到了機場時，看到老師的臉，覺得他似乎還沒完全從酒醉中醒來。他揮手大喊「薰鉉！」皺巴巴的襯衫和褲子，除了插在後口袋裡的一瓶三得利啤酒外，沒有其他行李。老師一把抱住我，高興得不得了。

「老師，您怎麼會來這裡？」

「來看你啊！」

他喝酒喝到凌晨，因為想念我，就坐了第一班飛機來韓國。

「你這臭小子，如果沒有好好研究圍棋，看我怎麼收拾你！」

我們直接去了清溪川的瑞麟酒店，而且一步也沒離開，共度了三天三夜。除了幾名圍棋界人士前來拜訪之外，大部分時間都是兩個人下圍棋，一起研究棋譜。藤澤老師仔細看了我此前積累的對局棋譜，像過去一樣，我們下了好幾盤快棋，我輸的時候就幫他按摩肩膀。

當然那三天老師也一直喝酒，但即使喝得酩酊大醉，他也不停下分析和評論棋譜。在他身邊只喝水的我都快累壞了，個頭小的他不知道怎麼有這麼多精力。

離開韓國那天，他跟我說：

「我原本想如果你的棋藝退步，還得說你兩句，但你的功力沒有退步，我也可以安心回去了。」

藤澤秀行老師是我的實戰圍棋老師。雖然我設籍在瀨越道場，但也參加了藤澤老師主持的藤澤研究會。我十二歲時是日本棋院的研究生，偶然遇到他，下了一盤棋後，他邀請我去自己的研究室。從那以後，藤澤老師成了我的第二個老師。

老師的身邊總是聚集著很多人，像是大竹英雄、林海峰、工藤紀夫等，後來還有石田芳夫、加藤正夫、小林光一、趙治勳加入。我們一有時間就會在老師的研究會下圍棋。儘管老師手頭拮据，研究室的地點隨時在換，我們每次都會幫他搬棋盤和辦公室用品，努力聚在一起。

藤澤先生可能是日本乃至世界圍棋界獨一無二的圍棋棋士。如果說瀨越老師是圍棋界的修道人，那麼藤澤老師肯定是奇人，無怪乎會有「怪物秀行」的外號。藤澤老師天生擁有孩子般天真、自由奔放的思考，也充滿才氣和愛心。他酒量奇佳，喜歡後輩，也喜歡女人；他熱愛圍棋，也愛好賭博。老師對待所有後輩都像朋友，一次也沒有露出高高在上的樣子。另外，他與彬彬有禮的日本人不同，經常毫不猶豫地做出驚人之舉。

有一次，綽號剃刀的棋士坂田榮男在對大眾解說圍棋棋譜。電視直播時，醉酒的老師突然走上講臺，搶走了解說棒，然後指著棋盤上的某個點大喊道：「如果我們是男子漢，出現這種洞，就應該往裡看。如果不是××，而是○○的話，就應該堵住洞啊！」

老師在鄧小平面前也有過類似的奇妙舉止。他在八〇年代經常帶領研究會成員訪問中國，在鄧小平舉辦的宴會上，他只要喝醉就會高聲喧譁，宴會也在騷動中告終。別人犯這樣的錯可能會受到指責，但藤澤老師的錯就會像喜劇一樣被放過。因為他特有的直率性格，被欺負的人也完全不會不開心。老師就是這樣一個雖然有很多缺點，還是讓人很難不喜歡他的惡童，而他還是一位加倍分享愛的人。

老師的愛沒有國界。他非常疼愛我和趙治勳兩個韓國人，對聶衛平等中國棋士也關懷備至。趙治勳相當於藤澤老師的正式弟子，一九八〇年代後，兩人經常在大賽中一決勝負。當時兩人間的禪式問答是圍棋史上的一段佳話，尤其是一九八三年，趙治勳成為藤澤老師第七次挑戰棋聖戰的對手時，老師說：「我只教你四盤。」趙治勳則回答：「我只學三盤。」這是非常有名的軼事（棋聖戰是七戰四勝制）。趙治勳還說：「我一想到藤澤老師保有的棋聖頭銜只能到今天為止，就覺得非常心痛。」令在座的人爆笑不已（實際上，當時的棋聖戰，趙治勳在連續輸掉三盤後，連續贏了四盤，登上棋聖的寶座）。

一九八九年，我和老師一起參加了應氏盃，並且都進入四強。當時四強就是我和老師，還有聶衛平和林海峰。這簡直是藤澤秀行的軍團。以年過六旬的高齡身體進入圍棋奧運會四強已經很了不起了，更了不起的是老師的從容和膽量。四強賽開始之前，老師這樣說道：

「曹薰鉉是世界最強棋士，冠軍應該是他的，我大概會在決賽中與他遭遇。」

他除了捧我，還隱然標榜了他自己。

老師以李昌鎬是我的弟子為由，也很關愛李昌鎬。因為是弟子的弟子，對他來說就是徒孫。一九九四年李昌鎬帶領韓國隊在真露盃上奪冠時，藤澤老師親自給昌鎬寫了信，以「恭喜你」起始，內容包含了老師對圍棋的哲學、對世界第一人的囑咐，和對李昌鎬的關愛。

「我看到少年曹薰鉉時，覺得嘆服不已，並且認為他也許擁有世界第一的才能。你能戰勝曹薰鉉雖是時代潮流，不可逆轉，但不知怎麼的，總覺得有點惋惜。因為種種原因，我一直就想跟你比一盤棋，正好在今年四月的富士通盃上，這個願望得以實現。結果雖是我輸，但你還是不願意顯露你圍棋的稟賦，所以我不喜歡那盤比賽的內容。這裡好像有你需要解決的課題，如果按照現在的情況，怎麼說呢？我想說那是『沒有感情的圍棋』，足以撼動人心的感動很少。圍棋在決出勝負的同時，應該是像音樂或繪畫一樣表現個性的藝術。說到藝術，我們應該融入我們所看到的、感動的、獨特的創造性世界。在一心求勝面前，要考慮忠於自我表現的棋風。因為你是第一，所以我覺得你現在有這樣的義務。」

藤澤老師最後寫道：「我會嚴格鍛鍊日本的年輕棋士，讓他們有資格挑戰你，所以你也要努力。」李昌鎬似乎也覺得這封信非常令人感動，在他的自傳《不得貪勝》中公開了信件內容。就如同藤澤老師所說的那樣，勉勵自己要多加努力。

藤澤老師之所以被冠以「怪物」的綽號，最重要的是他不屈不撓的意志。老師按著自由奔放的思路，過著自由奔放的生活。他一生都依賴酒精，女人也很多，甚至因賭賽車和賭馬欠債，落得傾家蕩產。儘管如此，老師總會以不屈不撓的精神再次站起來。在第二屆棋聖戰舉行之前，他因債務問題陷入四面楚歌的境地。老師找到了一棵可以上吊的大樹後，走向對局場地；經過長達兩小時五十七分的長時間思考，最終以一招定奪大龍，取得了兩場勝利。此後，他連續兩次獲勝，成功守住了當年的棋聖戰，後來連續實現棋聖戰六連霸，償還了所有債務。

老師身體也不好。五十歲後半段患上胃癌，接受了切除手術，之後也遭遇了惡性淋巴瘤、前列腺癌等三次癌症的打擊，但老師還是積極地教育後輩、喝酒、跟好幾個女人一起生活。一九九二年，他以六十七歲的高齡獲得王座戰，這是日本此後難以打破的最高齡頭銜紀錄。

老師在二〇〇九年因肺炎去世。直到去世前一個月，他還在參加圍棋研究會。葬禮上，惋惜老師離世的韓、中、日弟子們蜂擁而至，流下英雄淚。我們都想起老師豪放的模樣：揮霍無度，嘗試各種賭博；無條件答應幫忙、深深擁抱有才能的後輩們；心情好就不克制地喝酒，喝醉後如果找不到家，不管是在街上還是地鐵站，都能安心睡覺的藤澤秀行老師……。

老師原本的名字是藤澤保，但在弟子之間，將老師的名字發音為秀行的人日益增多。「秀」字原本只用於本因坊家門後繼者，不能隨意使用，可是弟子們懷著尊敬和愛戴老師的心，開始稱呼老師為「秀行」，最終日本棋院也承認「藤澤秀行」是他的正式名字。

想起老師，我到現在還嘆服一個人怎麼能夠給予那麼多人關愛。老師的心裡不僅有我，還有幾百個弟子。對那麼多人，他都一視同仁。全世界都記得老師是人生最為波瀾壯闊的圍棋棋士，而我卻更願意記得老師是最熱愛世界的一個男人。

（此部分為傳達正確事實，參考了圍棋專欄作家楊亨模的報導〈怪物藤澤秀行〉，《農民日報》，二〇一二．五．一四、記者白佑榮的報導〈紀念藤澤秀行〉，月刊《圍棋》五〇三號，以及李昌鎬的《不得貪勝》，李昌鎬，lifemap出版社）

九段

要想戰勝歲月，得先走起來

別把壞東西塞進身體裡

很久以前，我是個菸抽得很兇的大菸槍，一天得抽四、五包，可以說嘴上幾乎沒有一刻不叼著菸。我抽的菸是最近人們不太熟悉的「玫瑰」，因為價格便宜，而且是細菸，聽說比較溫和。當然，抽了那麼多菸，身體健康不可能太好。

現在氣氛已經不同了，過去當個圍棋棋手幾乎等於成為菸槍。下圍棋的人沒有一個不抽菸的，儘管我不太記得自己是從什麼時候、怎麼開始下棋的，倒是清楚記得經常身處在菸霧裡。父親下圍棋的二樓滿是菸味，父親帶我去的木浦棋院也是從入口就瀰漫著濃濃菸味。在那裡，我是最年幼的棋手，經常得負責給大人們跑腿買菸。從小就吸著菸長大，也許成年後就開始抽菸也是不可抗拒的命運。

一般妻子在丈夫吸菸過多時都會擔心和嘮叨，但我的妻子連這樣的自由都沒有。職業棋士當然要吸菸，只能接受。在對局持續期間，我會更焦慮地抽菸，可能一天抽過五包；不，六、七包都有可能。這種時候，妻子就會打開窗戶通風，並清空菸灰缸，一天大概要進進出出好幾次。妻子沒有嘮叨我少抽菸，而是訂購了每箱一萬支裝的玫瑰菸數十箱，堆放在地下倉庫裡。

理所當然地抽著菸，偶爾也會想這樣下去行嗎？重要的比賽前，偶爾會出現扁桃腺腫脹和感冒症狀，想著是不是香菸的緣故？就算想了很多次，也沒想過戒菸。香菸已經和我融為一體了，怎麼能分開呢？但機會還是來了，那是在九〇年代中期去美國旅行，見到車敏洙的時候。他來機場接我，在我和他熱情地打了招呼，上車就要點燃香菸時，他繃著一張臉：

「我的車裡是禁菸區。」

搭飛機已經一路忍著，在朋友面前還要忍，真是氣死我了。

事情還沒結束。在美國，無論走到哪裡都貼著「No Smoking」的標誌。餐廳、購物中心、銀行、加油站甚至停車場，大家都會皺起眉頭看你吸菸。附近要是有小孩的話，就像看到什麼重大罪犯一樣，眼睛都瞪得圓圓的。

「到底要去哪裡才能抽菸啊？」

我一生氣，車敏洙就說道：

「不抽不就得了！」

那一瞬間，我把口袋裡的菸盒揉成一團，丟到垃圾桶裡。

「太不爽了，真得戒了！」

我戒菸就是從那一刻開始。從美國旅行回來，我已經成功戒菸了一半。妻子心情大好，雖然得丟掉地下室堆積如山的玫瑰，但她一點都不覺得可惜。能擺脫菸味的孩子更是喜不自勝。

從那時開始，奇怪的事情也發生了：飯變得有滋有味。我本來一直沒什麼食欲，覺得一餐吃不了一碗飯很正常，但那時吃完一碗之後還想再吃。不僅米飯，我一輩子都沒吃過零食，當時總是想再吃點什麼。妻子遞給我小魚乾，因為太好吃了，把整盤都清光。她又給我孩子們吃的零嘴，我連那些都吃完。胃口變得奇佳，妻子開始認真給我做了零食，糖糕、油蜜果、芝麻酥、麥芽糖、甜米露、生薑肉桂茶……。我這才知道原來妻子的廚藝這麼好。

臉色也變好了。原本我是瘦得皮包骨、顴骨突出的乾瘦黑臉，戒菸後逐漸變胖，臉部輪廓變得柔和，皮膚也變白了；量體重嚇了一跳，瞬間增加了十公斤。我改頭換面出現在對局場上，圍棋界一片譁然——曹薰鉉竟然戒菸了！說到曹薰鉉就想到香菸，說到香菸不就是曹薰鉉嗎？在對局中，我不斷抽著玫瑰的樣子消失之後，出現了各種說法。正好當時是昌鎬將我好不容易再次奪回的首位拿走之際，別人覺得我的戒菸就像什麼悲壯的覺悟一般，幾家報紙的頭條還下了「勝負師[32]的強烈決心」、「戒菸振作精神」這樣的標題。我不太在意，心想隨便他們寫吧。

實際上戒菸對圍棋很有幫助，我的體力明顯變好了。以前在對局中，脖子、肩膀、腰都很疼，不靠著椅子就無法堅持下去，時間過了一半，注意力就開始散亂；在戒菸後人變胖，感覺比較舒服。體力下降不僅僅是年齡影響，也因為我一直在體內堆積不好的東西，身體才很累。二十年來在體內積累的毒素消失後，身體變得輕鬆，專注力提高，甚至心靈上也有種餘裕，可以更輕鬆地度過失敗帶來的痛苦。

我的戒菸雖始於偶然，卻對健康、圍棋、精神等方面都有助益。此外，禁菸也是時代的要求，不久之後，圍棋界內部也傾向於在對局中儘量不要吸菸。尤其是因為入段年齡逐漸降低，在兒童和青少年面前吸菸，無論多麼疲憊，都有失禮儀的這類主張。有段時間，預選賽場地分為吸菸室和禁菸室，如果兩人都吸菸或都不吸菸倒還好，但如果不是，那麼任何一方都會碰上麻煩。也就是說，被帶到吸菸室的非吸菸者，必須在窒息的煙霧中對局；被帶到禁菸室的吸菸者，則受制於想吸菸的生理需求。偶爾看到在走廊上忘我吸著尼古丁才進入對局室的人，我真是慶幸自己提前就戒了菸。

韓國棋院從一九九九年開始實施對局場完全禁菸。如今，有著三、四十年吸菸史的元老級棋士也不再在對局場裡吸菸了。愛吸菸出名的李世乭，到了無法忍受的地步，就會去到走廊迅速抽上幾口，再進去對局。地區的所有棋院現在都設有吸菸室，香菸煙霧瀰漫的棋院風景如今只剩下回憶。偶爾聞到菸味時，就會想起以前，興起思古之幽情，但那只是懷念不能再重返的歲月，而非吸菸這件事。

相反地，我搖著頭，心想如何能將這麼毒的東西往自己體內灌注了二十年。戒菸後，我隨即投入大量對局比賽，以無冠的身分重新奪回棋王、霸王、BC信用卡盃的頭銜。人們都說這得益於我轉變了心態，甚至戒菸，但我認為這要歸功於戒菸後更加健康的身體和精神。

32 編注：意指以贏棋為最高目的的棋手。

無論青春或老年，都要全身心地享受

我在超過四十五歲以後，體力還可以和年輕棋士一拚，但在二〇〇一年的王位戰上來到了極限。剛開始取得五連勝，覺得狀況很好，但在與徐奉洙九段的對局中，因把五目半誤認為是六目半而以半目敗北。每場比賽的附帶規則都不一樣，這是我沒有注意的失誤。兩人同分對局，還要多戰幾場，再加上富士通盃預選賽，十天內我足足下了六局。好不容易拿到王位戰挑戰權，我的體力已經耗盡了。我沒能進入在海南舉行的決賽第一局，高燒加上精疲力竭，怎麼也起不了身。這可能是韓國圍棋史上第一次挑戰棄權，衛冕者昌鎬也應該覺得很荒唐。

雖然幾天後我終於從床上起來了，但身體很難恢復過來。在第二局中我以不計敗輸給昌鎬，幾天後的第三局也是，而且還是在第七十五手，這應該創下挑戰棋史上最少的紀錄。這種事之後也沒少：在二〇〇二年LG盃的時候，我和劉昌赫九段正在進行決賽，中間劉昌赫九段可能因為遠征日本而體力透支，很快就投子認輸。劉昌赫九段當時也接近四十歲，應該是體力變弱了。第二天我患上流行性感冒，難受得不得了，最終在最後的第四、五局接連失利，屈居亞軍。

原來年紀大了就是這個意思啊……。年輕時，我拚命吸菸也能消化簡直要命的對局日程，現在稍微勞累就會躺下。不僅如此，如果是在以前，根本不會犯的錯誤也不斷出現：反擊的招數原來是錯覺，也因為計算錯棋子，對局結束後才知道輸了。以前在腦海中像照片一樣清晰的招數現在總是渾沌不明，有時還會出現失誤。

圍棋中的失誤是決定性的，一個失誤就會扭轉比賽局面。圍棋的勝負取決於失誤與否，而非實力的差距，年輕棋士們會集中精神減少失誤，然而隨著年齡的增長，體力和專注力下降，荒唐的失誤也變多了。

有一段時間，儘管出現這樣的失誤，但成績好就不以為意。二〇〇一年，我在王位挑戰賽中敗北，但僅過一週就獲得了富士通盃冠軍。二〇〇二年雖然將LG盃冠軍讓給了劉昌赫九段，不過在KT盃王位戰、三星車險盃上拿下了冠軍。二〇〇三年也取得王位戰和棋聖戰亞軍，因此那怕年過五十，還是表現出不輸給後輩的棋力。

但就算是我，如何能避開歲月的流逝呢？從那以後，我的戰鬥力逐漸走下坡。不僅是國際賽，就連國內棋賽也沒有再提到過我的名字。在圍棋新聞中很難看到曹薰鉉三個字，很多人還以為我退役了。事實上，我只是沒能爬上那個艱難的淘汰賽梯子，依舊在底層努力下著圍棋。

歲月真是奇妙。雖然好像只是在前幾天，為了一點實力的差距而繃緊神經戰鬥，現在這一切都變得毫無用處。從某個瞬間開始，年輕成為最高價值，我積累的所有經驗和權威，在年輕棋士的力量和魄力面前，也只剩軟弱無力。年輕就是王道，年輕才是最可怕的。

我認為這是人生的道理，也是自然的法則。任何達到最高成就的人，終究要被更年輕、更強的人從寶座上趕下來。趙南哲先生不得不把所有的王位傳給金寅九段，剃刀棋士坂田榮男九段被後輩林海峰奪走了名人和本因坊的頭銜。據說，當晚坂田邊喝酒邊嘆息道：

「我以為到了四十歲才稍微懂了點圍棋，但這個瞬間已經結束，圍棋真是悲傷的連續劇啊！」

悲傷的連續劇一再上演。藤澤老師必須把棋聖傳給趙治勳，趙治勳把王位和棋聖讓給王立誠。我所有的頭銜都被昌鎬奪走，昌鎬又被李世乭奪走，而李世乭讓位給朴廷桓，朴廷桓則必須讓位給申真諝。

誰又會想到被中國媒體稱為「神算」的李昌鎬，會在年輕後輩面前依次投降？昌鎬在二〇〇九年得到春蘭盃冠軍和富士通盃亞軍，展現了自己的實力。他二〇一〇年在十段戰中獲得亞軍、LG盃亞軍、KBS圍棋王戰冠軍、國手戰冠軍等，大家都說李昌鎬真是名不虛傳。

很多人都說歲月無情，我也覺得有點傷心。但這只是春、夏、秋、冬四季交替的自然現象，就像冬天給春天讓出位置一樣，落下的太陽應該給升起的烈日讓出天空。沒什麼可冤枉的，誰不都曾擁有過那火熱的青春？已經盡情享受過了，沒有理由羨慕。現在年輕氣盛的，總有一天也會失去那令人自豪的年輕。

在青春消失的地方，出現了很多以前沒有的東西。擺脫了想贏、要贏的重壓感，可以更心平氣和地下圍棋。接受隨時都有可能失敗的瞬間，就會擺脫揪心的束縛。在勝負的世界裡長期奮戰的人，應該都知道這是什麼意思。勝利是一直以來支撐我的自豪感，也是自我認同的一部分，但同時那也像奴隸的枷鎖一樣，在不得不繼續獲勝的恐懼中數十年如一日地活著，是非常嚴厲的拷問歷程。因此，神根據自然規律創造了歲月，給那古老的拷問畫上句點。這不是應該傷心的事，終於解放了，要高興起來。

或許昌鎬也領悟到這個道理了。昌鎬因為與我的關係，即使贏了也不能盡情地高興，這種微妙的情況折磨了他十幾年。我從來沒有見過昌鎬因為勝利而喜悅的樣子，總是為此感到抱歉。在農心辛拉麵盃上，他以破竹之勢取得五連勝的時候，昌鎬也並沒有為自己感到驕傲，只是對自己沒有輸掉比賽覺得安心。

現在，昌鎬可以自由地面對這一切，可說他解放了。也許正因為如此，他才能談戀愛，也才能結婚。再加上如今沒必要再和像我這樣年長的人比賽了，這也是一種解放。現在只要和二十到三十多歲的年輕棋手一決高下，贏了就可以開懷大笑，輸了也可以覺得惋惜，這樣才能按照自己的年齡生活下去。

我現在也活得符合我的年齡，像其他上了年紀的老人一樣，在社區裡緩緩散步，給庭院的花草澆水，看著孫子們的照片，非常開心。密密麻麻的對局日程變得鬆散，取而代之的是可以喚起之前錯過的、棋盤外的日常生活。

當然，這並不意味著我完全放棄了作為棋士的人生。也許只要我還活著，就永遠不會放棄。在勝負的世界裡，年齡和體力不能成為藉口，承認因年齡和體力不得不輸的瞬間，作為求勝者的人生就結束了。只要更努力地管理健康，做更集中的訓練，總是有機會獲勝的。不需差距太大，而是只要以半目之差就能分出勝負。

藤澤老師於一九八一年以五十六歲的年紀實現棋聖戰五連冠後，在接受採訪時說了這樣的話：

「我的頭腦在五十歲以後變得更加聰敏，籌劃棋盤的眼光變得像大海一樣寬廣，解讀招數的能力也變得像計算機一樣精巧。你們等著看吧，我的智力未來也會像在荒野中奔跑的野牛一樣，永不停止地向前。」

實際上，藤澤老師到一九八二年為止，在棋聖戰上實現了六連冠，一九八九年和我一起進入了應氏盃前四強，一九九二年以六十七歲高齡獲得了王座戰冠軍。另外，曾於一九九三年獲得王座頭銜後，逐漸被圍棋界遺忘的加藤正夫，也在二〇〇二年以五十五歲的年紀獲得本因坊頭銜，華麗回歸。他擊敗的棋士有當時二十五歲的山下敬吾、二十七歲的羽根直樹、三十七歲的依田紀基、二十三歲的張栩等，都是比他年輕很多的棋士。這證明雖然年輕是最可怕的對手，也不是不能戰勝。

因此，年輕人要最大限度地發揮自己的能力，但不要過於倚仗年輕，要懂得謙虛。年輕是一種祝福，僅憑這一點，年輕人就已經非常了不起了。可是這種祝福並不是永遠的，有時也僅是曇花一現。懷著巨大的野心、燃燒意志，為登上夢想的頂峰而拚命努力，也要注意飲食，堅持運動，努力維持身心舒適的狀態。

即使年輕遠去，也要健康愉快地老去。如果能夠更加努力，偶爾戰勝年輕人，那也不啻人生一大樂事。當然，即使不能獲勝，也要享受努力本身。

二〇〇九年，我以外卡身分參加了第一屆BC信用卡盃世界圍棋錦標賽，並進入了四強。在國際大賽中，這是我繼二〇〇二年KT盃王位戰和三星車險盃奪冠後，時隔七年再次進入決賽。雖然在四強賽遇上中國的古力九段，並以半目敗北，但久違的臨場刺激感如履薄冰，帶給我超越遺憾的喜悅。

我不再年輕，依舊繼續下著圍棋。只要努力，說不定有一天會再次獲勝。

坐得太久，那就走走吧

和下圍棋一樣，我每天都會做的事情就是爬山。提到爬山，很多人會想到穿著登山服、裝備齊全地探訪國內外名山。我的爬山準備非常簡單，T恤、棉褲，再帶上一條毛巾，穿上登山鞋，一切準備就緒。

目的地總是我家前面的北漢山。一九九一年昌鎬離開我家後，我搬到北漢山山麓，此後，除了必須對局的日子，我幾乎每天都會去爬北漢山。

事實上，開始爬山是在更早以前。圍棋棋士壓力很大，每個人解決這些壓力的方法都不同，有人喝酒，有人喜歡賭博，我決定用比較健康的方式。正好幾位前輩和我意氣相投，於是組成了登山會。

我們每週日在鍾路四街集合，前往道峰山，無論雨雪都在道峰山度過星期天。每年還去一、兩次智異山、雪嶽山、月出山等離首爾較遠的山。

隨著時間過去，有些人搬到遠方或者健康惡化，登山會自然而然解散。正好那時候我也搬家了，從那時起，我開始每天獨自登山。

與喧鬧的團體登山相比，獨自爬山有些孤單，但也有很多優點。一是不需要約定，可以說走就走；二是不用去太遠的地方，只要爬社區的小山就行，也節省不少時間。另外，不用配合別人的速度，可以按照自己的狀況走，所以很舒服。累了就休息，有力氣的話就加快速度；有些日子會一鼓作氣爬上較高處，有些日子短暫散步後隨即下山。

最大的優點，是擁有完全屬於自己的時間。在家當然也可以一個人待著，但是在大自然中走動、獨處，質量不可同日而語，能迎來完全的寂靜。

剛開始的時候會有各種想法：解不開的圍棋招數、對局日程、贏和輸的棋賽……很多想法纏繞，有時也會頭昏腦脹。但只要在險峻的路上氣喘吁吁地繼續爬下去，各種想法就會在某個瞬間消失。對勝負的焦慮、日常生活中的種種苦惱，以及其他一切雜念都不見了。到最後，曹薰鉉這個概念也無影無蹤，只剩下用雙腳爬山的這副身體。

在完全忘記自我，只專注於爬山之後，很奇怪地，心情就會變得平靜。身體出汗、呼吸急促，但毫不費力。反倒更輕鬆，能量充沛。

我之所以在四、五十歲的時候，每年還能參加一百多場對局比賽，偶爾也能取得好成績的原因，或許是每天爬山，體力和耐力有所提升的緣故。一切都取決於體力。如果以為圍棋只是靜靜坐著動腦筋的體育項目，那就大錯特錯了。要想在最後一招之前發揮高度的集中力堅持下去，必須要有體力。實力之後是體力，體力之後是精神力，其實連精神力終究還是得依靠體力。

透過爬山的習慣，每天可以達到忘我的境地、消除所有雜念，對圍棋和日常生活都大有幫助。即便每天只有短暫的一個小時，從工作的目標、義務、重壓感中解脫的訓練，具有拓寬精神廣度的效果。儘管不能像修行之人一樣對一切感到超然，但在承受失敗、衝擊、考驗等方面能變得更加堅強。

當然，排解壓力也不一定非登山不可。對我來說爬山有效，對其他人來說可能是其他事情，也許是慢跑，也有可能是游泳或踢足球，最重要的是身體和心靈的平衡，精神和肉體密不可分，二者相輔相成。

尤其是像最近這樣，因繁重的業務和電腦、手機等因素，精神飽受折磨的時代，更應該到外面走走。如果不能每天走路，至少週末可以抽空到附近的公園或山上走走。以讓自己覺得有點累的速度、放空煩惱地走下去，在不知不覺間，腦海中充滿的所有擔心和憂慮都會消失。

十段

為思考留出空白

比起力所能及的事，更該集中在該做的事上

在忙得不可開交的數位世界，無論男女老少，手機都必不可少。最近，光是打電話和接聽還不夠，每個人都會帶著可以讀取郵件、玩遊戲、處理業務的智慧型手機。

我非但沒有手機，連駕照都沒有。事實上，這個辯解可能有些牽強，我沒有駕照的理由是因為從未學過開車。我這一代的男性，在二十歲出頭考駕照是理所當然的，但我在那個年紀有很多對局比賽，沒時間學開車。三十歲之後，也習慣乘坐妻子開的車。最近妻子體力不太好，女兒開始充當起司機。

很多人都很驚訝，問我沒有手機怎麼生活？也有很多人問我如何解決重要的連絡？其實都有辦法。

首先，我幾乎沒有需要打電話的事情。我的外部行程不太多，一旦定下來就不會變更，多半是對方有變更約定的需要，而一般情況下，我不是在家就是在棋院，所以只要打電話到其中一個地方，就能找到我。如果我去了別處，在家的妻子會幫我接電話。倘若妻子也外出，那時候就會用妻子的手機連絡。雖然多花一些時間，但都不會漏失重要的事情。有次我到中國比賽，正在一家餐廳吃午飯，沒想到有人打到餐廳裡找我。到底是怎麼知道我在那家餐廳吃飯，然後給我打電話的？原來是透過妻子、棋院、酒店，然後詢問過某人後，找到我所在的地方。諸如此類重要的連絡，無論如何我都會接到。

我不是說手機是不需要的東西，只是想說，與一般人認為沒有手機就會出大事的想法不同，即使有點不方便，還是可以生活下去。在手機問世之前，我們也是經由打電話問候、約定、傳達重要意見過日子的，也因為那是無法隨時連絡上的年代，人們對於每一句話也更加慎重，並認識到承諾的重要性。相反地，現代人因為隨時可以連絡，太容易約定，也很容易變動。沉醉於數位文明的便利性，反而失去了思考的深度與慎重。

我問女兒智慧型手機和普通手機有何不同，女兒的回答是可以即時確認電子郵件、許多人可以一起發短訊、可以向全世界的人傳達自己的故事、交朋友。智慧型手機無疑是一種驚人的工具，不過我有一個疑問：

「為什麼要那樣生活？」

沒有別的理由，因為可以那樣做才做，因為發明了這樣的技術，並且發展出能夠實現這個目標的工具所以才這麼做。如果做不到，就不會去做，也不會覺得有其必要。在即時確認的電子郵件中，究竟有多少一定要立刻處理的？在眾多短訊中，真正必須交換意見的又有多少？覺得現在似乎應該馬上搜索和閱讀的資訊，其實以後再找來讀也沒什麼問題吧？

更大的問題是：像這樣埋首於可以之後再做的事，應該處理真正重要事情的時間反而消失了。例如完全集中於工作的時間、一個人安靜度過的思考時間，等於消失不見了。不僅手機，還有毫無想法地打開的電視、廣播中播放的歌聲、無謂的閒聊、接二連三的廣告、關於藝人毫無意義的八卦等，我們周圍充斥著妨礙注意力和思考的東西。結果就是，我們逐漸失去了用來思考的時間，甚至對於沉默感到尷尬，於是沒事就給朋友打電話、發短訊、播放嘈雜的流行歌曲、提高電視音量。

一天哪怕只是十分鐘，是否可以關掉手機、音樂，度過不受任何打擾的時間？不一定非得針對某件事情整理思緒，什麼都不想，閉著眼睛發呆也好。我們迫切需要什麼都沒有，完全可以面對真實自我的寂靜時刻。

如果腦海裡充斥著各種想法，是絕對想不出任何創意來的，反而在清空後發呆的瞬間會突然冒出。如果每天都有不受妨礙的思考時間，就會比以前少發脾氣，變得沉穩，成為更加積極、有創意的人。

我從小就為了集中精力下圍棋，戒掉了很多東西。我不怎麼看電視和報紙，電話也幾乎只用到最低限度。得益於此，我確保了獨自研究圍棋的時間。另外，身處沒有任何噪音和雜音的環境中，也因此擁有了無限思考的時間。我之所以不攜帶手機也是為了不受妨礙，更好地活在當下。

或許我們總是被時間追趕，不能準時完成工作，就是因為身處會妨礙自我的環境裡。是不是因為要一一回覆不知不覺間打開的短訊，是不是因為那些鬧鈴和歌聲、電視的雜音、隨時打來的電話，而耽誤了應該集中精力處理的事情呢？

進入到孤獨中

雖然已經過了很久，接受記者採訪的時候還是會聽到這樣的提問：

「輸掉比賽的時候，您如何承受？」

這是一個沒有答案的問題。因為我只是承受下來，不知道「如何」承受。沒有祕訣，而且一直很辛苦，但隨著時間的流逝，狀況會逐漸好轉。

但是如果問我：「那段時期是怎麼度過的？」就不由得想起一些回憶。

我是一個人度過的。沒有跟任何人見面、沒有任何約會，獨自一人度過一段時光。對局多的時候，連這個空檔都不允許，但是一有時間，我就努力一個人待著。有時，和妻子、孩子分開，一個人待上幾小時。什麼話都不說、什麼也不做，就這樣過了幾個小時，傷口逐漸平復，才打開房門，重燃與世界遭遇的勇氣。

有人說過，孤獨是為了自己而選擇一個人的。雖然孤獨和孤立都是一個人的狀態，但孤獨和孤立不同，是和內心自我對話的狀態，所以絕對不是痛苦和毫無意義的時間。

為了實現目標，需要進入孤獨的過程。每一個成功的人都會把自己置於孤獨之中，他們故意切斷與世界的接觸，長時間獨自與自己奮戰。所有偉大的作品、卓越的實力都經由孤獨而誕生。如果沒有獨自思考和練習的時間，如何能累積實力？

人們只看到成功的華麗，只憧憬被眾人包圍、發揮自己能力、獲得掌聲的人，例如那些聲望極高的醫生、勝訴率極高的律師、著名的CEO等。但他們不關注為了站上那個位置，這些看似華麗的人有多少個夜晚困在孤獨之中。

圍棋棋士注定是背負孤獨的人。學習圍棋的過程是孤獨的，決一勝負的過程也是孤獨的，接受和克服比賽結果的過程也是孤獨的。既不能訴苦，也不能和別人分享，必須獨自承擔，而且要在孤獨中找到安慰。為了變得更強大，為了克服失敗的痛苦，他們甘願進入孤獨這個幽暗的山洞裡。

一位哲學家說：「強者是更能優秀地戰勝孤獨的人。」還有人說：「愈孤獨愈自由，愈孤獨愈堅強。」我認為，如果我們想更有智慧地度過人生、更接近夢想，就必須有實力和成熟的內在。為此，我們應該更多地獨處、更多地孤獨、用更多的時間去思考。

後記／成為職業棋士六十年後，前路依舊

我進入職業圍棋界已經超過六十年了，這值得紀念，但其實也是因為周圍的人不斷問起我的感想，我才知道這件事。無論是在連我抽的香菸牌子都引起大眾關注的全盛時期，或是安靜地待在家中，一年只參加幾次比賽的現在，人們都給我貼上令我慚愧的華麗詞藻吹捧我。在如此熾熱的聚光燈下度過了圍棋人生，接受了無數次採訪，出版了書，還寫了修訂版的結尾，其實這些事情對我來說都愧不敢當。

「終結者」這個詞長期伴隨著我的名字出現，也許是我過去以使用攻擊性戰略而聞名，並一直堅持到對方出現頹勢為止，最終取得勝利。對於記得我過去

模樣的人來說，也許會對現在的我感到陌生也說不定，因為我在十多年前就自認「終結者」之路已到盡頭。五十歲中期，出現了一、兩次年輕時無法想像的失誤，我很快就承認了「終結者」曹薰鉉的終結。心情平靜得連自己都不敢相信，只是覺得現在我的道進入了另外一個局面。因為我已經盡了最大努力去爭取勝利，因此沒有太多留戀，我有信心在今後展開的稍微不同的挑戰中，再次竭盡全力。

現在我有另一個目標，不是勝利，而是向其他人傳達引領我人生的思考法。這麼做能報償老師們的恩情，也是我能在這個世界上留下的最有價值的遺產，說不定還會成為我人生中最大的勝利。前面也提到過，人生終究是必須強力而堅持不懈地走自己的路。我知道無法從口頭上說明這句話的重要性，而是直接看到這樣生活的某人，自然而然地銘記在心底，進而到達領悟的境地。我也是看著偉大的老師和優秀的前輩、同儕、後輩的人生道路，才學到這個想法，這個領悟用了我一輩子的時間。

用人生表現出來——這是傳達真正良好思維的唯一辦法。說來慚愧，但我的人生確實展現在這本書裡。我慎重地挑選了能產生良好影響的部分，但還是非常不足。希望讀者們能明智地汲取出有益的想法。

希望這本書的讀者能夠更努力面對自己的道路。我也希望讀者們經由這樣的道路、生活，向世界廣泛傳播更遠、更深、更廣、更熱切、更美麗的思考方法。這是我現在唯一的願望。

最後，我想分享很久以前在接受採訪時說過的話。其實我也忘了曾經這麼說過，是最近一位熟人偶然在網上看到，並轉發給我。引用自己說的話有些不好意思，但因為今天我想再次對自己和讀這本書的所有人說這句話，所以寫在這裡：

「我想囑咐大家，就像現在心無旁騖地面對面前的一盤棋那樣，奮力地將生命傾注在自己所過的每一天之中。」

國家圖書館出版品預行編目（CIP）資料

突圍思考：擺脫困局，超越勝敗情緒的人生觀點／曹薰鉉著；盧鴻金譯. -- 第一版. -- 臺北市：遠見天下文化出版股份有限公司，2024.6
292面；14.8×21公分. -- (心理勵志 BBP 490)

譯自：고수의 생각법 : 한국 최고의 승부사 조훈현의 삶의 철학

ISBN 978-626-355-801-4 (平裝)

1. CST：人生哲學　2. CST：自我實現

191.9　　113007519

心理勵志 DDP 490

突圍思考
擺脫困局，超越勝敗情緒的人生觀點
고수의 생각법

作者 ── 曹薰鉉（조훈현）
譯者 ── 盧鴻金

總編輯 ── 吳佩穎
責任編輯 ── 張立雯
封面設計 ── 張議文

出版者 ── 遠見天下文化出版股份有限公司
創辦人 ── 高希均、王力行
遠見・天下文化　事業群榮譽董事長 ── 高希均
遠見・天下文化　事業群董事長 ── 王力行
天下文化社長 ── 王力行
天下文化總經理 ── 鄧瑋羚
國際事務開發部兼版權中心總監 ── 潘欣
法律顧問 ── 理律法律事務所陳長文律師
著作權顧問 ── 魏啟翔律師
社址 ── 臺北市104松江路93巷1號
讀者服務專線 ── 02-2662-0012｜傳真 ── 02-2662-0007；02-2662-0009
電子郵件信箱 ── cwpc@cwgv.com.tw
直接郵撥帳號 ── 1326703-6號　遠見天下文化出版股份有限公司

電腦排版 ── 張瑜卿
製版廠 ── 中原造像股份有限公司
印刷廠 ── 中原造像股份有限公司
裝訂廠 ── 中原造像股份有限公司
登記證 ── 局版台業字第2517號
總經銷 ── 大和書報圖書股份有限公司｜電話 ── 02-8990-2588
出版日期 ── 2024年6月14日第一版第1次印行
定價 ── 420元

ISBN ── 978-626-355-801-4
EISBN ── 978-626-355-800-7（PDF）；978-626-355-799-4（EPUB）
書號 ── BBP 490
天下文化官網 ── bookzone.cwgv.com.tw

天下文化

BELIEVE IN READING